大展好書 好書大展

大展好書 好書大展

精選系列 11

人生心情診斷

賴藤和寬/著

李玉瓊/譯

大展出版社有限公司
DAH-JAAN PUBLISHING CO., LTD.

目錄

第一章　傷腦筋的夫、妻群相

第二章 風流、婚外情

第三章 育兒、養親的苦勞

第四章　有關年老的煩惱

第五章　傷腦筋的兄弟、親戚們

第六章　婆媳糾紛

第七章　戀愛、婚姻、性

第八章　性格的煩惱、夢診斷

第九章　如何生活？

第一章

傷腦筋的夫、妻群相

1 醋勁大的丈夫

●洽談●

我是去年才結婚的家庭主婦，今年二十四歲。老公的醋桶大得厲害。目前我在父親的公司上班，但我的老公常把公司職員對我的開玩笑信以為真，而認定對方是我的初戀情人；或擔心我在上班期間讓男人登堂入室，而用電話緊迫盯人。老公天生老實，從不開玩笑。我從單身時代開始就擅長社交，有許多朋友，彼此的性格正好相反。他告訴我，唯有和我在一起才能安心工作，因此，希望換一個像卡車司機般可夫唱婦隨的工作。照這個情況下去，恐怕會彼此傷害，我很害怕。

（大阪府　煩惱的少婦）

診斷

無法信任世界的「奧賽羅（Othllo）症候群」

碰到這類情況，似乎多數人會怨懟哀嘆：「怎麼不相信我？」

但是，以對方而言，可能並不只是不相信你，而是具有無法完全相信全世界的性格。若是這樣的人，尤其對自己所關心的人，猜疑心特別重吧。換言之，對你過於執迷，結果變得疑心疑鬼。對他而言，根本無暇顧及隔壁的太太、或對面的先生是否紅杏出牆或在外拈花惹草。但是，如果那個人是你，會令他大大地傷透腦筋。這種人簡直可以說是「對妳執迷不悟」。被嫉妒心強的人迷戀的證據，很可惜的是並非被信賴，而是一再被揣測、懷疑、責難。因為，嫉妒心再強的人，也不會對漠不相關的他人爭風吃醋。

在莎士比亞的四大悲劇之一『奧賽羅』中，懷疑貞淑妻子蒂茲得夢娜（Desdemona）對自己不忠，最後不堪嫉火煎熬的奧賽羅竟將至愛的妻子殺害。有些學者因為這齣悲劇，將病態的嫉妒，命名為「**奧賽羅症候群**」。既然殺害了自己的最愛，再也不必擔心被其他男人橫刀奪愛。這有如一種輕度的幻想症，也可說是神經過敏所造成、帶有猜忌的顫慄（擔心最珍視的物品被奪取）之產物。

若為糾正其性格而苦口婆心地說服，甚至會加深其猜疑，因此，如果對他還有感情，不妨試試一天到晚和他如影隨形地工作或生活。因為，再怎麽說明或解釋，以其天生難以信賴他人的性格而言，根本無法取得他的信賴。然後再用態度表明一切。若仍然無法消除他的猜疑心，應該立下決斷，想想是否願意往後的一生一直活在被猜忌、懷疑的生活中，抑或開始物色下一個男人。如果演變成酒精依存症或邁入初老期時，病態的嫉妒有時會更嚴重。因為，這種天生無法信任外界的人，甚至對自身的能力或容貌失去信心，於是心生恐懼：「對方是否會遺棄如此糟糕的我，轉身投靠其他的男人（女人）呢？」

不過，性格老實又不開玩笑的男人，移情別戀、拈花惹草的可能性極少吧。如果妳和這樣的人離婚，而下一個對象和你同是「富有社交性又朋友衆多」的人，可千萬注意，不要演變成妳因為對方的風流韻事而醋勁大發，為此苦惱不已的諷刺下場。

2 遊興正強的年幼丈夫

●洽談●

結婚至今二年，我的老公年紀比我小三歲，現年二十六歲。老公在婚前告訴我：「我是富有家庭觀念的人。」但最近卻改口不認帳。他的公司有許多未婚的年輕人，他也遊興正濃，但是，似乎因為手頭不夠或我的存在而拒絕邀約。最近我想要我們的孩子，他卻反對地說：「這個時候有孩子，一切就完了。」雖然我瞭解老公的心情，但不論是經濟上或精神上，根本沒有空暇讓老公在外遊樂。當我說，我們分手吧，他又回應：有一天會後悔，表現模稜兩可的態度。

（大阪府　迷惘的妻子）

診斷

生個孩子，等候父性的覺醒

妳竟然相信，婚前所說的「富有家庭觀念的人」這樣的話。

女性中有太多全盤接受對方所言的人，結果造成用花言巧語掩飾、或以詐婚的伎倆從中獲利的男人源源不斷。言詞終歸只是話語，不應把它如此看重，甚至做為人物鑑定的標準。

與年紀較大的女性結婚的男性，有部份是心智未成熟或處處倚賴他人的少爺類型。而選擇年幼男性的女性中，也有天生是大姐頭性格或充滿母愛的人。誠然，年紀較大的對象，似乎較能允許自己的任性，因而在男性當中，出人意外地有不少內心期待大姐頭型或有如母愛關懷的保護型的配偶。

其實筆者也是如此，只不過身邊的對象正好比自己年幼，不得已近二十年來一直擔任大哥型的丈夫。我內心多麽渴望把頭埋在豐滿的胸上，像對自己的姊姊撒嬌一番，但若有這樣的舉止，恐怕被內人當做怪物吧。

而且，最近的年輕一輩，似乎缺乏與自己年齡相符的生活意識。換句話說，二十歲層的人，就像從前十來歲的孩子，仍然童心未泯。

因此，如果妳是放手一搏、不顧前後的無謀性格，我認為生個孩子也是一個方法。因為，某些男性是屬於擁有自己的孩子之後，才像個父親的族群。當然，這是有風險的作為，因為，也有不論生多少孩子，仍然不為「父性」所動，儼然是永遠的青年，這時可要覺悟有一番苦頭吃。因為，妳的賭注輸了。

不過，即使妳想要有個孩子，對方可能會以避孕應對。這時妳不妨暗中在那個橡皮製品上，用針刺穿幾個看不見的小孔。雖然懷孕的準確率不高，但如果因此而受孕，這個嬰兒可是穿過狹隘的關卡，一路衝鋒陷陣殺出活路的精子所產生的，長大成人之後，不論是一流大學或高等考試，一定過關斬將，所向披靡（雖然有點缺乏科學根據）。

分手會有後悔的一天，這是什麽話？不分手也有後悔的時候。生不生孩子都會後悔。不論那一個選擇，都會造成後悔，既然如此何不狠下心來貫徹自己的生活理念。

3 丈夫閉口不言

●洽談●

我是個四十歲的家庭主婦。和老公爭吵後，雙方冷戰不說話的日子已持續五個月。結婚已十五年，以往也有爭吵後數天不講話的情形，但目前的情況倒前所未見。爭吵的導火線是芝麻蒜皮小事。老公是比較愛搬弄道理的人，但是個認真的上班族。當我們二人獨處時，故意避開我走到別的房間，即使買回他喜歡的糕點也滴口不沾，有必要連絡的事則用紙條傳遞，表現得相當頑固。連我也忍不住越來越討厭他。他大概是恨我入骨，我到底該怎麼應對呢？

（大阪府　洩氣的妻子）

診斷

鬧彆扭乃是希望安撫的證據

以進入中或初老期的男人而言，該說是太可愛或太幼稚呢？總之，太孩子氣了。

如果打從年輕時候，性格上就大量殘存著童心，倒無需掛慮。但以往若表現和年齡十分得體、舉止有分寸的人，就要警戒這也許是初老期痴呆症的發端。

經常可見性格老實、愛搬弄道理的男性中，有些情緒顯得幼稚的人。這該說是腦筋死板，或觀看事物的態度只用定尺衡量吧。一旦這種人耍起性子，其情緒的平撫往往需要頗長的時間。俗話說：「絕門不過哭泣的孩子與地頭老大。」稚氣的人很容易意氣用事，也不會主動退讓一步，不擅長人際關係的調整。如果是一般的兒童，一段時間後注意力會移轉在其他事物上，彷彿「剛哭的烏鴉隨即又笑了」一般，情緒能立即轉換，但上了年紀的人，一旦鬧起彆扭，往往留下心結久久不散。

這個嘛，算是彼此較勁吧。而且，妳不是單純的被討厭喔！

仔細觀察小孩耍脾氣就可清楚明白，對於內心討厭的對象絕不鬧彆扭。倒是對某人關心或有好感時，反而會鬧脾氣。換言之，這乃是希望對方理睬、誠心誠意地疼愛、把注意力集中在自己身上的渴望。正因爲充滿著渴望，才會鬧著明眼人一看就懂的彆扭。

到了妳這般年齡的主婦之中，也有許多人覺得老公的存在反而是個麻煩，還發牢騷說：「至少禮拜六、禮拜天，和別人家的老公一樣出外走走吧。我可受不了你整天在家裡沒事幹，又頤指氣使的。而且，還說什麼喲！昨天晚上突然說什麼某某雜誌上寫著：中年夫婦之間的對話最重要，跟我說什麼要對話、對話、對話呀！開什麼玩笑，簡直無聊。只要你乖乖地每月定時把薪水匯進銀行的帳號，然後不見蹤影是最好的囉！」

以這些太太們的立場看來，妳這邊倒是挺理想的家庭。

從前有一個電視廣告說什麼來著：「男人只管乖乖地閉上嘴巴，喝一口××啤酒。」依我之見，「男人只要乖乖地閉上嘴巴，用便條和筆談」不也安靜無聲、自在得宜嗎？

4 不幫忙做家事的懶惰丈夫

●洽談●

我是二十六歲的教員，夫婦都在外工作，但丈夫（三十四歲）鮮少幫忙做家事。雖然常幫忙洗衣服，偶而出外購物，但從不做廚房的工作。我每天早上要做便當，傍晚六點半左右回家後又趕著做晚餐。老公雖然一星期要加班一天工作挺繁忙，但有時也比我早回家，卻無所事事地閒在那裡。碰到工作的勞累而情緒不佳時，忍不住會發牢騷。結果，他就板著一張臉，三天左右不跟我說話。最後總是由個性懦弱的我，主動表示抱歉，重修舊好的模式。我該怎麼辦才能過得愉快呢？

（大阪・懦弱的妻子）

診斷

自認倒霉或互相較勁

這是雙薪家庭常見的類型。全國各地大約有數百萬的同伴吧。婚前應彼此做好約定，鄭重地誓約一切平等，不論是煮飯、洗衣、購物、掃除、育兒，所有一切都平分或各自分帳。有部份的丈夫會終身信守，不知是因律己甚嚴或原本就喜愛家事。但是，多數人婚後會慢慢變得懶散。

譬如，原本規定星期一、三、五是太太，二、四、六則是丈夫一手包辦料理、洗衣的工作。但是，經過數月之後，做丈夫的開始買現成的東西或熱便當回家，或利用在外用餐魚目混珠。做太太的不得已只好自己動手打點。如此一來，對方越是蠻橫坐大，甚至表現出一副理所當然的模樣。

也許這是過去的歷史所傳承的後遺症，男士諸君仍然存有「女人做家務事乃理所當然」或「所謂主婦是負責家事、育兒」等觀念吧。

如果自己的母親是專業主婦，這樣的感覺似乎更根深蒂固。其中甚至還有收入比太太少，卻從來不做家事的懶惰蟲。那種人真是男人的恥辱啊！如果不服氣，賺雙人份的薪水回來呀！

不過，筆者若是雙薪家庭，可能也沒有太大的自信。因為，泰半的男人都嫌麻煩。而女性在這一方面，也許是因天生的母性，常會主動打點。結果，男人就順水推舟任由妻子代勞。如果妻子的個性較懦弱，一定被壓得死死的。

如此一來，根本不可能「過得愉快」。但是，如果他是讓妳甘願夫唱婦隨的老公，一開始就不必在意對方的蠻橫，死了這條心吧。完全地死心，才能覺得舒服。

如果辦不到，不妨一五一十地模仿尊夫婿的一舉一動吧。

家內環境與飲食生活一定變得亂七八糟，但可要狠下心來，和老公較勁誰最沉得住氣。只有失敗的人任由對方使喚了。

5 電玩迷的老公

●洽談●

老公今年三十歲，是個令人大傷腦筋的電玩迷。婚後三年，下班後及休假日一定守著電視遊樂器不放。即使和女兒（一歲）做伴，雙手也拿著遙控器。我最討厭年紀不小的成年人，整天埋頭在電視遊樂器上或盯著漫畫書不放。婚前我也知道他喜歡玩電動玩具，但沒想到情況如此嚴重。即使我怎麼討厭或大聲怒喝，老公也不為所動。我已經被處事沒有分寸的老公搞得不知所措。

（奈艮縣　嘆息的妻子）

診斷

比真正的瘋子還有藥可救

筆者也深表同感的一點是，年紀不小的成年人卻沉迷於電視遊樂器或漫畫，簡直不成體統！

不過，所謂的興趣或嗜好，本來就是顯得愚蠢的行為。就以柏青哥而言，除了部份的專家之外，每個人都是掏盡自己的荷包為柏青哥店賺大錢而已。高爾夫也好不到那裡，老大不小的人，為了把球放進遠在天邊的一個小洞裡，弄得自己血脈賁張；瑜伽是讓自己擺不自然的姿勢；慢跑則只是毫無目的的跑著而已；至於油畫，又沒有買者，卻在畫布上塗個不停。再說那個合唱團吧，如果附近有此愛好者，必被魔音穿腦，搞得神經衰弱。

所以啊，興趣或嗜好都算是一種瘋狂。

不過，人似乎是為了避免陷入真正的瘋狂，而必須保存一點點無傷大雅之瘋狂的生物。就像是BCG一樣，在人體注射與結核菌類似的物質，體內就能產生對真正結核的抵抗力。所以，當個人的興趣愈發濃厚時，變成人稱的「××狂」「○○迷」，其來有因。

那麼，假設妳嘮嘮叨叨數落個不停，結果有一天妳的老公突然不玩電視遊樂器了。不久之後，或只拉開拉鍊就上大號，甚或回家時一邊高聲大唱「小小羊兒要回家……」。如果演變成上述的情況，也許妳會覺得：「啊，早知如此，就該讓他繼續玩電視遊樂器。」

而且，人是個奇怪的動物，當周遭者三申五令似地一再要求不要做某件事時，反而要起性子硬是不放棄。

相反地，加油添醋地鼓勵他：「盡情的玩、玩得高興吧！」如此一來，對方心想：「真奇怪，其中必有緣故。我可不上當！」也許因此而收斂一點。

但是，我倒覺得不必刻意去糾正他，反而省事呢。因為，妳只管把老公委託任天堂或SEGA來照料，真是令人羡慕的幸運主婦啊！

6 不上進的丈夫

●洽談●

結婚十一年，對丈夫的愛情已漸漸冷卻的時期。如果能瀟灑地離婚倒輕鬆，但三個孩子令我狠不下心來。和丈夫在一起，只讓我感到無形的壓力日增。最令我受不了的是，老公其實身體相當健康，卻時時喊痛叫累，誇張極了。他不僅食慾好，又睡得飽，一點點頭痛就要上床休息。而我其實身體虛弱，卻不表現出來硬撐著。丈夫的情況，對於我不想嬌寵孩子、嚴格管教兒女的教育問題，也造成不良影響。（奈良的辛西亞）

診斷　用幾近令人毛骨悚然的禮遇對待

看似百無病痛，卻一再苦訴身心的不適者多如牛毛，醫院的候診室至少有三成左右是這種情況的患者。如果讓這些人掃地出門，也能削減各機關的醫療費用，但這一點卻是醫療機關辦不到的事。

可以猜想到的原因是，這些人從幼兒期只要嚷著頭痛、勞累，就有父母的呵護，或賴病不上學嘗到甜頭。也有可能是體內感覺過於靈敏，連正常的心理變化也感覺是異狀。另外，也有人是因隱藏在內心的問題，誤解為身體的異狀。這種人若沒有生活壓力就不再勞動，開始四處到醫院就診或每天腦海中只想著疾病的問題，漸漸變成一個無用的社會人。

而貴府的老公似乎必須持續扮演幹活者的角色。如此一來，在職場上為了避免被炒魷魚也不敢吐苦水或請假，每天早上按時上班吧。也許沒有妳或兒女的存在，早就成為不幹活的疾病狂了。

這就表示妳若是浪費成性的人或兒女處處要錢，將可免於老公步上墮落之途。所以，妳不要「硬撐苦鬥」或「不嬌寵、嚴格管敎」兒女，反而比較好。做妻子的如果都是勤儉持家的好太太，世間的老公很容易變成懶散者。

所幸妳與他似乎已進入「愛情漸漸冷卻的時期」，我也不吝傳授妳讓老公傷腦筋的功夫，請立即付諸實行。

首先，如果老公又嚷叫著身體不適，大家就誇張地鬧翻天，表現非常擔憂的態度，趕緊服侍他到床上休息，並保持絕對安靜、謝絕面會，並準備粥食或磨成泥的蘋果讓他進食（老公最喜愛的食物對其身體會造成毒害，絕對禁止）。替其撫胸揉背或增加壽險金額、令其重寫遺言等，總之，刻意表現異於往常的「令人感到毛骨悚然般的優渥禮遇」。

根據傳統的學習理論，這種作為會令對方更加得寸進尺，但實際上被如此服侍後，不知是面子掛不住或感到不舒服，反而不再無病呻吟了。

7 年幼丈夫像暴君

●洽談●

老公今年二十六歲，比我小十四歲。凡事對我頤指氣使，如果不順從就不高興，對我發脾氣。最後，我只好順從。而這樣的丈夫竟然叫我承認他在外的風流，他的手冊上，最近出現數名在電話俱樂部所認識的女人的名字。當我對這件事表示抗議時，他竟然反客為主向我說服：「反正我一定會回到妳的身邊，妳是我明媒正娶的太太，大可安居大老婆的寶座。」難道我該對這樣的暴君睜一隻眼閉一隻眼，忍耐著和他相處嗎？目前還沒有孩子。

（大阪　希望匿名）

診斷

迷戀者的弱點

年齡差距一週期（十二年）以上，吃的苦總比他人多吧。

不僅是男女關係，一般的二者關係，都有類似Power game（能力遊戲）的情況。換言之，這是互相較力的關係。通常無形間有一個何者處於強勢的原則，而即使二者關係遭受破壞，仍然不為所動者，則屬於強勢。

舉例而言，人手不足時受雇者居於強勢，但在不景氣下雇主則佔上風。兒女成群的時代，父母擁有威權，而今兒女稀少，父母就處於弱勢。若是才色兼備的妻子，立場一定強過遠遜於如此賢妻而粗鄙的丈夫。強者即使斷絕與對方的關係也無所謂，因而能表現強硬的態度。但弱者則拼命地維持與對方的關係，於是不得不一再地滿足對方的要求。這正是俗話所稱的「迷戀者的弱者」。

至於「是否必須忍耐與如此暴君相處」的問題，全看你對他執迷的程度了。

一般而言，男女關係中，在看穿對方真相之時通常已為時晚矣。對方的真面貌，一定是在有深入的關係，或入籍之後才揭開真相。因為，在此之前彼此都是掛著一張羊皮，以最好的一面與對方相處。所以，唯有同在一個屋簷下生活之後，才能明白對方本質上是何種天性。自古明訓：「馬要騎騎看，人要跟跟看。」本來它的意思是「相處即可瞭解優點」，但不論是馬或人，也有劣質的惡者，因此也可以解釋為「相處之後即露出狐狸尾巴」。

總而言之，如果妳覺得：「只有這個人可以倚賴，他是我最後的希望」，今後仍然必須忍耐他的蠻橫無理。如果心有不甘，我覺得應該儘早從小男人的興趣上畢業，開始物色更成熟的對象。

自古有言：「兒是鋸子。」所謂鋸子，是為了連接兩塊木材而被打造的，其中也有被打造在最差組合的鋸子（兒女），造成彼此難以分離而痛苦。所幸你們之間並沒有這樣的鋸子，妳應該有隨時與他分手的覺悟。

不過，延宕日久將變成明日黃花，會降低古董的價值喔！

8 討厭整天窩在家裡的丈夫

●洽談●

結婚三十年，丈夫（七十五）和我（五十二）二十年來一直做著同樣的工作。兒女長大獨立之後，休假日變得苦悶難受。丈夫打從年輕就討厭與人相處，也不喜歡外出。如果勉強外出，似乎全身上下痛得要死。不但如此，也不喜歡我外出，碰到他心情好時，所談的盡是戰爭的話題。如此下去我恐怕會生病。有時甚至有一股衝動想要毀滅自己。雖然女兒們個個稱讚我「了不起！」卻沒有任何建議。我該怎麼與老公相處？

（大阪市　H婦人）

診斷

用「失蹤蟲」對抗「跟屁蟲」！

這可不是「如膠似漆」而是「跟屁蟲」呢！對了，就像那個牛膝，走在草蟲中一定黏得你滿身滿腳的那個牛膝。

通常上了年紀之後，會出現天生性格漸漸變得露骨的傾向，同時也會變得幼稚。貴府的老爺，似乎依賴性、獨占慾極強，怕寂寞又有外出恐懼症，再加上略有身心症的傾向。

這個嘛，從年齡看來，覺得您倒可以多寬待一些，不過，今後可以做的，也許是行動療法中以毒攻毒式的免疫療法吧。換言之，實行「漸漸使其習慣」的療法。每天一次五分到十分鐘的外出。妳個人外出或和老公一起散步。習慣之後，把時間延長至二十分或半個鐘頭。最後如果能外出半天左右，將使妳藉此鬆一口氣或減輕老公的外出恐懼症，兩者的事態都將獲得改善。

不過，妳那些娘子軍似乎更高明，只奉承妳一句「了不起！」就把麻煩的老太爺塞給妳處理。這可不是不要爸爸而是不要麻煩的老太爺了。時下的兒女們，在父母養育他們的期間，一副理所當然的模樣，而充分從父母身上榨取完畢之後的殘渣，竟然推得一乾二淨地說：「既然是夫婦，自己的事情就該由自己了結。」

兒女都是白吃白喝的傢伙，養育兒女必須有此覺悟。

碰到這種情況，用態度向全家人明白表示，不是一句「了不起」就可了得，也是方法之一。譬如，躲在朋友家一星期左右，或假病到某醫院做住院檢查（最近個人診所常有住院患者不足之虞，正是機會）。偶而動一下手腳，就可令全家人深刻體驗到，勞苦功高的母親能夠安靜待在家裡就萬幸了。如果，這樣也會招來閒言閒語，儘管使出殺手鐧，突然冒出一句：「啊，肚裡那個失蹤蟲又再叫了！」或「哎喲！我的老毛病似乎又復發了！」

總之，對方既然是「跟屁蟲」，如果不培養幾隻「失蹤蟲」或「擁有宿疾的怪蟲」，則無法與之抗衡。

9 自創事業六年，丈夫變得冷淡

●洽談●

老公離開公司自創事業至今六年，我帶著六歲的老大及尚在哺乳中的兒女共四人，又身兼公司的左右手，每天有如戰場。但是，當公司營運進入軌道而漸漸出現寬裕感時，夫妻間的爭吵越來越多。老公原本就是性急、任性、自以為是的性格。孩子們也不太接近他。從前公司必須夫婦互相扶持才能經營，即使有所爭執也咬緊牙關硬撐過來。但是，最近彼此卻留下疙瘩。以丈夫的立場而言，也許已不需要我的存在，但他竟然說，只因為我的存在就令他火冒三丈。我好傷心。

（兵庫縣　迷惘的妻子）

診斷

糟糠妻的立場岌岌可危

『史記』中有一段駭人聽聞的話：「靈敏的兔子一旦全部被逮，獵犬已無用而被煮食（中國至今仍吃狗肉。何以吃狗肉？美國的人類學家哈里斯有精湛的說明）。抓盡天上飛的鳥，威武的弓劍隨即典藏如同廢物。一旦消滅敵國，參謀已無用而被殺害。」自古所謂的「糟糠之妻」所處的立場是相當危懼，乃存廢交背、生死相隔。任務完畢後，可能被大大地犒賞而受到重視，相反地，也有因「已無用處」被年輕的女人取而代之。

相對地，一開始即毫無用處的糟糠妻，活存率反而持久。因為，對方對此妻並無太大的期望。認為：「至少可幫我看個家。」或偶而意外做了一手好料理，還可能被刮目相看。換言之，惡妻造就艮夫。一開始過於打拼，往往被對方以為理所當然，當必要度減少，就不再令人覺得難能可貴了。認為此乃不可理喻是理所當然的。但是，像這種「不可理喻的事」，每天出現於報章雜誌或電視報導中。這個世界本來就是「不可理喻」。貴府的老公「不可理喻」，一點也不足為奇。

首先，第一個錯誤是，妳選擇了這樣的丈夫。第二個錯誤是，一開始過於賣命，奉獻過大。接下來可不要再出錯了。

生意買賣必有它的高低潮，假以時日總有一天會面臨經營不順的時期。到此境地，原本棄若敝徙的糟糠妻應有出頭的時候，也許會被央求助一臂之力。這時，如果因以往的行徑而排斥乃最下之策，應儘量給予協助。但是，背地裡卻故意出點紕漏或扯其後腿，讓經營似乎無法步上軌道，但同時偶爾也立下功績，讓對方認為：「她不在身邊，情況還是不太好。」

換言之，聰明的獵犬為了不至於落得被煮成美食的下場，隨時留下幾隻敏捷的兔子；百發百中的弓箭有時也故意不要對準天上飛的鳥，而參謀則顧慮不要完全擊垮敵人。

如果這樣的安排仍然令妳無法追隨其左右，應該在四個孩子當中，選擇兩名自己喜愛的人。換言之，做好分手的準備。

10 認真踏實的人突然巨變

●洽談●

結婚二十七年，夫妻都在外工作，建立一個堪稱標準的踏實家庭。但是，長子成為社會人的三年前，丈夫（五十）突然開始涉足卡拉OK，整個人起了大轉變。他說想玩樂一下，視線忍不住逗留在貌美的女人身上。開始刻意打扮，花錢也變得大方，甚至無心工作。而且，還告訴我不要擺出難看的臉，也不要囉嗦，甚至怒喝我滾蛋。嚴重時還被痛毆一頓。其實，他本來是非常好的人，我心裡面認為這是一種疾病，並刻意改變自己以迎合丈夫的嗜好，但一方面卻又覺得無聊。

（大阪府　希望匿名）

診斷

等待初老期暴行的覺醒

思春期及初老期似乎是暴行的溫床啊！

一則是荷爾蒙開始分泌的年齡，另一則是荷爾蒙開始萎縮的年齡。

思春期和初老期被認為是人生危機的關卡。在此人生階段，頻頻出現「造成周遭人麻煩的任性行動」就是暴行。而兩者似乎都是經常發生在想像力貧乏的人物上。因為，無法正確地想像自己所做所為的歸結或結果，經常只憑希望的觀測，貿然做出孤注一擲且異想天開式的行動，此乃二者的共通特徵。

筆者有時也覺得該放肆一下。因為，思春期並沒有徹底地墮落，總覺得意猶未盡。不過，我們稍微想像一下，假使中年初老的男人開始注重打扮，或大方地花錢，而接近歷經半世紀人生而漸漸疲憊的歐吉桑的人，大概是以下三種女人。

其一是，單純以金錢為目的的「立場分明的女郎」。

其二是，不擅與年輕男人相處而有戀父情結的「未成熟的女郎」。

其三是，只要有人召喚，來者不拒的「無節操的女郎」。

即使年紀不輕，情況也是一樣。用「歐巴桑」來取代「女郎」也行。換言之，她們是「立場分明的歐巴桑」「未成熟的歐巴桑」「無節操的歐巴桑」。而中年初老的女性之暴行對象也是「立場分明的男孩」「未成熟的男孩」「無節操的男孩」。

和這樣的對象牽扯在一起，事實上並無好處，但其中的內情卻難以想像。總之，長年相伴左右的伴侶已令人感到疲乏，說不定已變成「醜陋的臉孔與聲音」，但一陣毆打並無法搖身一變為「美妙的容顏與聲音」。其實自己不也只是一個顯得污穢的糟老頭嗎？

如果妳的老公今後仍然對妳殘酷欺凌，有一天必受天譴。「天譴」似乎顯得迷信，其實是相當現實的問題。換言之，人間集團的力學結果，會形成一個對某人無理虐待之後，因果相報，總有一天會遭受某種報應的結果。到了那個時候，就等待老公的覺醒吧。

11 丈夫的借貸變成重擔

●洽談●

結婚三十三年，兒女都已成家，在他人眼中似乎是相當悠哉的生活。但是，丈夫在三年前所承接的工作發生糾紛，損失將近一千萬元。不僅向兒女伸手借錢，連家裡的財產也全部傾吐，但當時丈夫又暗中向銀行申請無擔保貸款。身上已無分文卻愛擺闊，而另一方面又毫無維持家計的念頭。而我因為種種原因搞壞了身體，工作也辭掉，目前靠失業保險過活。如果和丈夫分手，周遭者有何感想？每天只想著儘早等候天庭的召喚。

（大阪　希望匿名）

診斷

再等五年看看

通常所謂的「擺闊」、虛榮、顏面是需要花費的。相反地，如果不在意被他人恥笑或當做怪人，持續過著異於一般標準的節儉生活，確實能蓄財。

其實筆者本身不知何者的生活方式較好而傷腦筋呢！也許毫無經濟觀念而被高利貸追得到處跑，或勤儉儲蓄的結果開始搞高利貸，兩者半斤八兩各有缺失吧！不過，一般人似乎無法從中做一選擇。因為，即使道理上明白節儉人生的好處，但如果當事者天生喜愛「擺闊」

，仍然會為了粉飾門面而借貸。同時，即使相信資本主義社會的美德是浪費，本性吝嗇的人很難和「福澤諭吉」（日本的紙鈔）說bye-bye。

妳的老公是工匠本性吧。手上一有工作，就像古時的東京人一樣，即使將老婆典當也要吃新上市的柴魚，恐有身上沒有隔夜錢財的傾向。在心情上也許是做一天和尚敲一天鐘，手頭散盡之時就發憤地工作。但是，一旦有急用，很容易四處告貸而無法自拔。這樣的生活方式在進入老年期之前，若不做一個了結，問題可麻煩了。

我想如果妳提出「分手」，親戚及周遭人必會反對。因為，世間基本上是保守的，而且，對旁人而言，年紀大的夫婦擺在一起較方便。如果無視這些外在環境，心生排斥而執意分手，是需要相當大的體力與耐力。即使打算到兒女的住處求得安身之所，以長遠的眼光看來，不一定令人感到舒適。因此，造成妳有「不如早一點被天庭召喚」的念頭。

不過，天庭的召喚是要等「另一個世界」的預定表輪番而來，並不會那麼湊巧地在妳感到絕望的時候拉妳一把。相反地，通常是在「再等一下！」之類重要關頭時，毫無悲天憫人之心地突然降臨。

結論而言，我建議妳和老公或「這個世界」說再見的時機，往後延五年左右。因為，人的命運約以三年為週期出現大轉變，感到痛苦難耐時，不妨發發牢騷，以五年的時間靜觀其變才是賢明之策。

12 對長女態度嚴厲的再婚夫

●洽談●

七年前離婚，二年左右前帶著六歲的長女再婚。丈夫起初非常疼愛長女，但一年左右之後，對長女的態度變得非常嚴峻。教養、讀書，無一不挑剔，甚至嫌她疏忽對旁人的注意。當我從中排解，他又不分緣由地指責我：「妳不高興我生氣嗎？」我想丈夫是拼命地為我們付出。但是，這樣下去我擔心孩子的心會離我們越來越遠。他對我非常溫柔，和他育有一女。

（大阪　煩惱的母親）

診斷

適當庇護緩和衝突

這是所謂「沒有血緣的親子關係」。通常這類名義的親子，彼此關係越深入反而情況變得越複雜。不過，真正的親子關係也是如此，縱觀人間一切，似乎關係平淡的親子間，反而較少出現糾紛。

尤其是身為父親的人，無論對妻子或兒女而言，「健康而不在家」是最好的表現，如此一來，親父或繼父都沒關係了。因為，為家裡所賺來的錢根本沒有兩樣。

但是，不知何故，就有一些特別熱心、關愛兒女的父親，也許是基於義務感或孤獨感，甚至只是無所事事使然。有事沒事插嘴干涉，反而出乎意外讓兒女哭笑不得。

但是，一般被討厭或被瞧不起的父親，對兒女而言通常不會造成太大的心理傷害。因為，兒女們在情緒上已保持距離，自然不會造成深刻影響。如果是「非常喜愛的父親」或「如影隨形的母親」，父母行為的不正則會大大地滲透在兒女的心中。所以，不上進的父母也有他們的優點。

也許妳的千金從前對繼父的印象是「親切的叔叔」，但一旦成為自家人之後，則變成「囉嗦的繼父」，多少也有些困惑吧，同時，進入思春期後有可能出現反叛或厭惡感。換言之，可能誠如妳所顧慮的「孩子的心漸漸遠離」。不過，這種情況即使是親父與女兒之間，也有可能發生。母親只要適當地掩護，即可緩和衝突，也能撮和與異父妹妹之間的感情。如此一來，她在家庭內的同伴已確保過半數，比現今日本的自民黨更安定。而且，如果父親太優秀，也許會造成戀父情結，影響未來的戀愛或結婚。

有關家族內的人際關係，不論是媒體、演講或著作上，一概標榜烏托邦式的說教內容，諸如「互相關愛、和睦相處、體恤對待」，而一般的家庭也都信以為真，結果為此而感到擔憂。但是，全世界約有一億左右的家庭，維持神仙般家庭者有如滄海一粟。而且，縱然是生長在地獄般的家庭，誠如所謂「壞竹出好筍」也是人才輩出。

13

退休後變成酒鬼

●洽談●

丈夫屆齡退休已一年多，沒有任何興趣，飲酒變成唯一的娛樂。每天在家無所事事，變成電視大人，從中午就開始喝酒。聲音越來越大，動輒發怒，而且，甚至用鄰居都聽得見的聲音滔滔不絕地自吹自擂，東家長西家短，甚至說人家的壞話。不喝酒的時候，分明是個好人。喝酒量與日俱增，我擔心已經染患輕度的酒精依存症，未來的日子令人擔心不已。

（兵庫縣　煩惱的妻子）

診斷

度過老神自在、逍遙自得的成熟年

即使失去生存意義或工作、休閒娛樂的人，仍然必須活下去。但是，無所事事地生活是困難的，而且，人並無法堅強地正視自己會死的事實，而且，這個在消滅點正一步步接近的狀態下生活。一般，會想辦法做各種調適。與朋友交際往來或投入興趣、義工活動、看護兒孫、打槌球等等，總之，老後所做的一切事情全是想辦法避免正視虛無或死亡。如果缺乏這類情緒調節項目，老人只有利用睡覺或飲酒來分勞解憂。

其中，天生有飲酒體質的人，酒精變成最簡單而確實能逃避現實的手段，因為，既不必外出，方法也只是一再將液體送入口內而已，藉此即能暫時忘卻塵俗的一切。從這個時候開始，已經和酒精依存結下不解之緣。

雖然您說：「不喝酒的時候，分明是個好人」，但所謂的「好人」其實和「懦弱者」「缺乏自我者」是相同的涵義。因此，正常的時候往往會壓抑自我，強自忍耐。當然，內心的鬱悶是水漲船高。當他無法利用酒精的作用克制時，平常所壓抑著的自大或憎惡如噴泉湧出。當然，「未來令人擔憂」，不過，一般退休後的飲酒是無法「猛灌」的。所以，和年輕時候的酒量相較下，並不會積蓄太大的酒害。結果，有生之年變成酒精依存症或天庭的召喚儘早來到。但即使變成酒精依存症，也鮮少能夠持續數十年。

倒是妳自己應該堅強一點，培養堅強的信心足以應付患有酒精依存症的一名老人。人一旦進入老年期，不是煩惱會不會得癌？就是長年來一路相伴的老伴會不會死？得老人癡呆症？或自己先走一步？總之，令人擔憂的因素永無止境。但是，這並非「萬一」而是「確實」會發生的事。和這些相較起來，嗜酒根本不足掛齒。如果說「人生五十年」，往後的歲月都是老天爺附贈給我們的人生。

難得一路平安走來，活到這把歲數，希望妳能以不為一點小事擔心受怕，「死了也是理所當然」的心情，度過逍遙自在的成熟年。

14 三十四年來的種種怨恨

●洽談●

結婚三十四年，一直以來和丈夫的生活是精神上、肉體上的苦痛。為了兒女咬緊牙關硬撐過來，兩個兒子都自立門戶的現在，對丈夫的種種怨恨與日俱增。由於丈夫是外國人，當時是不顧家人反對而結婚。平常雖是老實人，但酒品極差，在深夜帶著孩子躲到朋友家避難，或跑進警察局求援已是家常便飯。收入又不安定，只能靠家裡的洋裁工作硬撐。縫紉機也是我的精神安定劑。我深刻地體認暴力家庭中妻子的心情。

（大阪　煩惱的主婦）

診斷

無法回到過去，但可以選擇「今後」

觀看這段文章，也許只有徒嘆嫁錯郎的感慨而已，其實原來的信函上，密密麻麻地寫著人生的明暗面，內容之多幾乎無法收容在這個篇幅上。

譬如，在日外國人（歸化的緣由）的丈夫平常的時候如何的溫柔體貼，年老之後，鋒芒漸漸收藏，以及兒子們多麼優秀或孝順的種種（可否將他的指甲粉送些到寒舍。註：索取指甲粉，意指效法其優點），以及自己的反省等等。

我覺得問題似乎是過去的種種怨恨，及今後該如何自處等等。

首先一提的是，過去的事已莫可奈何。即使可以彌補，自己再也無法回到年輕時期、少女時代。思考或回想也無濟於事，除非當作興趣，否則不值得獎勵。當然，我們無法消滅記憶，也不可能回到從前，即使回到從前，孩子的發展可能和現在大不相同。

我們經常會懊悔，當時應該怎麼做才對。但是，「怎麼做才對」即使可以避免目前的不幸，但說不定會遭逢另一個不幸。這彷彿經常引為譬喻的，若是單身容易染患乳癌，若是已婚則容易染患子宮癌一樣，不論何種選擇都有它的風險。可笑的是，乳癌往往羨慕子宮癌，子宮癌則又認為乳癌較好。

筆者自身全然無法分辨自己是何等程度的幸福或幸運，因此，我總認定即便是現在也應當做，是好的。

但是，接下來該怎麼做？又是另外一個問題。當然，不論做何選擇都有它的危險。做選擇的瞬間，必須覺悟也要一併負擔這些危險。正如妳在三十四年前毅然決定「不顧家人反對」而結婚一樣。說不定因為「折服於家人的反對」而無法結合，也許一生悔恨無不已。妳一定會用「無法忘懷三十四年前的那個人」為題投書到本欄來。

如果是永不後悔的性格，即使斷然分手或長相左右，都是正確的選擇。而若是事後會覺得悶悶不樂的人，做那一種選擇都是錯誤的。

15 丈夫不可理喻

●洽談●

結婚二十年，每年都有數次彷彿發作般地被一股不安虜獲，不自主地責難老公。生活上沒有任何不方便，三個孩子也管教得很好。但是，我和丈夫之間總有一股莫名而不協調的氣氛，我懷疑這難道是真正的夫妻？為此而覺得可憐。結婚第一年他開始和其他女人來往，爾後又有無數次的女人問題，最後忍不住做徵信調查，為此也發生爭吵。丈夫雖然是個認真的人，但具有雙面性格，我無法理解他的內心事。現在他將要單身到他地赴任，看起來為此有些蠢蠢欲動的樣子，令我感到忐忑不安。（愛媛縣　主婦）

診斷

不要在意「應該怎麼做」

每次看到這種信函，總會再次面對，其實兒女不論父母如何，也會好好長大的事實。那麼，如果來討論男女結合而建立家庭的目的為何的問題，最重要的無非是培育下一代吧。只要確實地做到這一點，夫婦間有無何種問題，在生物學上根本不足掛齒。總之，只要兒女好好地長大，父母已無用處。

妳心裡所擔心的，「難道這就是真正的夫婦嗎？」不錯，這就是「真正的夫婦」。倒是家庭連續劇或夫婦的理想形象，才是不切實際的空談。換言之，「妻子懷疑丈夫、丈夫畏懼妻子」遠比「妻子仰慕丈夫、丈夫疼惜妻子」更具真實性（我的家庭也較接近這個類型）。

這件事不僅是夫婦，所有的人都應知道，若只掛意「應該怎麼做？」幸福是永遠不會來臨的。

而且，若是這樣的夫婦，丈夫因單身赴任而顯得蠢蠢欲動也是理所當然，既然能和可怕的老婆在物理上保持距離，自然是大表歡迎。妳越是想避免不安而束縛丈夫，似乎可能被更大的不安包圍，造成丈夫離妳越來越遠，結果落入神經症的反效果之狀態。把事物朝壞處著想，也是妳不良的習性。

譬如，「丈夫雖然認真卻有雙面性」這種情況被當做問題，但是，如果是「認真而只有一面性」，這種人恐怕無法在社會生活。有雙面性是好的呀！至少可慶幸不是「不認真又具有雙面性」。而且，「被（太太）一眼看穿內心事」的男人，在公司大概也無足輕重吧。因夫婦關係變調之賜，妳的先生也不會以單身赴任為苦（不僅如此且雀躍不已），這可以因想法的不同而變成是件好事呢！

神經質的本性乃在於，未曾發覺自己早已擁有的許多幸福。結果妳是個「生活不虞匱乏、三個孩子也無從挑剔」，而且，由於夫婦關係「齟齬」，造成丈夫在外過得起勁，真是當今社會難得一見的幸運主婦。

16

丈夫討厭妻子的社會活動

●洽談●

三十二歲的主婦。最近因幼稚園有些工作需要我代勞，每天過著相當愉快的日子。我本來就是外向的性格，因而處理幼稚園慶典之類的企劃，反而令我高興得不得了。但是，這一點卻惹來丈夫的不高興。嘴裡經常喃喃地抱怨我一頭熱，或不允許我對家事馬馬虎虎等。聽說別人家的老公從來不說什麼，讓我覺得欣羨不已。難道就我一個人該忍氣吞聲嗎？丈夫今年四十歲。對自己極具信心，也非常愛護家人。

（京都市　開朗的妻子）

診斷

等待老公信服、默認

我覺得倒不必過於忍氣吞聲。

所謂天性是莫可奈何的，而富有社交性或喜愛地區活動，基本上並非壞事。倒是對妳個人的精神衛生也有必要吧。

但是，多數人總喜歡依自己的嗜好來左右他人的個性或行動。尤其是親子或夫婦更是如此。當然，如果對方是對自己都恰到好處的類型，縱然不必刻意強制也能順遂己意。但是，社會萬事並無法一一稱心如意。因而產生像此例的「糾葛」。換言之，責難對方的不是、一再無理要求對方做改變而造成煩惱。

如果其中一方確實有錯，倒不在問題之列，然而若只是性格或興趣上的差異，如何貫徹己見乃是勝負的關鍵。如果落敗，只好壓抑自我而迎合對方的意向。

一般而言，這種情況是屬於二者關係，具有其他弱點者就落敗。

譬如，對方若是孩子，越重視孩子的父母將成為父母的弱點，而對方若是配偶，對其依賴或迷戀的一方就具有弱點。如此只能服輸而壓抑自我。

如果妳對老公並沒有那些弱點，今後應該持續社會活動，確保自己的「生存意義」。不過，應該確實履行本來的責任，避免遭受對方責難「馬虎」或「任性」。而兒女或周遭的贊同、協助也有效。

想要確實確保自己的生活方式並付諸實行，對方在一開始可能會從中阻擾或吃醋，但慢慢不再堅持而放棄或容忍。甚至可能肅然起敬。

妳的老公似乎是相當優秀的人，因此，只要妳為正確的選擇勇往直前（表面上也難以反對吧），我覺得對方有可能被妳折服而默認。

為此應該比以往更完善地履行家庭內的職務。它彷彿是花費在實現自我的「稅金」。

17 以工作為優先的媳婦

●洽談●

我為長男（三十四）夫婦的事情煩惱不已。他們結婚七年，夫婦都在外工作，目前沒有孩子。媳婦（三十三）似乎在公司擔任重要職務，而對於主婦的工作一概不理。兒子如果早一點回家，好像要做掃除、洗衣、燙衣服等工作以及準備晚餐。每天都吵架，曾經有過一、二個月彼此不開口說話的情形。兒子曾經慨嘆依此狀態下去，根本沒有生育子女的機會，是否該離婚？而我們兩老也想早一點抱孫，同時，以年齡看來已到了產齡的最後邊緣了。難道可以讓他們再這樣下去嗎？

（大阪市　擔心的母親）

診斷

「家庭主夫」或第二個人生

如果老大不小的兒子聽父母之言，隨即應允：「好的，我要離婚」。他的精神年齡和小學沒有兩樣。因此，我倒認為不如緊隨在目前工作相當起勁的媳婦身邊來得好。而且，越是不值得倚賴的男人，讓他一手包辦家事，對其日後的人生必有幫助。

不過，如果不論父母做何想法，以一個頂天立地的男人，願意承擔自己的想法與責任的話，只管委由當事者做決定，想與媳婦分手就分手，或不論周遭者投以懷疑眼光：「到底有什麼好處讓他這麼死心塌地？」一輩子洗老婆的內褲過活也無所謂吧。

您說年齡上已到達迫切的邊緣，如果這是指生育兒女，最近其時限已稍微延後，我倒認為可再觀察一段時間。令人擔心的反而是兒子的再婚機會恐怕已到期限，不過，這個問題並不在年齡而是由他是何種程度的男人來決定吧。

至於抱孫心切，倒可讓其他的孩子先生下來讓你瞧瞧。如果沒有次男，也許「外孫」也令妳稍嫌不足，但要求女兒遠比寄望媳婦生個孫子要來得簡便。以生物學的立場而言，細胞內的遺傳物質較相似（因為腺粒體等細胞質是母系遺傳），而從心理學的立場看來，彼此是親子關係，自然不必有所顧慮。換言之，孫子其實只限於「外孫」。

如此一來，如果兒子還算出息，尤其是已過三十的兒子，應無父母干涉的餘地。倒是應向妳的兒子提醒以下的事情，至於當事者做何判斷，就由當事者做決定了。您覺得如何呢？

首先，她的媳婦今後大概也無法像個稱職的主婦吧。目前正值對工作卯足勁且樂在其中的時期，因此，應該暫時不會理睬天生就討厭的家事。如果這樣的女人還值得忍耐，應該持續以往的「家庭主夫」之生活，過著家計稍微豐厚的人生。但是，如果想搖身一變為大男人當家的身份，把家事全部委任給太太，靠自己一份薪水養活妻兒，或者有自信和目前的妻子分手，可找到不同類型的對象，建議您儘早努力自強，朝第二人生出發。

趕緊把這個二者擇一的問題攤開在兒子的面前吧。

18 妻子有病態的嫉妒

●洽談●

結婚十年，一直以來為內人那永無止境的醋勁傷透腦筋。那可說是一種異常。即使是朋友的家，也禁止外宿。也不能獨自到小酒館，更遑論和酒家女合唱一曲，到三溫暖也不能按摩。看黃色書刊或和其他女孩多說幾句話都不行。我原本以為只要自己忍耐也就算了，但對我的工作也漸漸造成障礙。因為，我從事的是必須接觸女顧客的生意買賣。我也告訴她，如果覺得鬱悶可以出去玩玩，我會幫她看小孩，但她竟然沒有我在旁就不願意外出。

（大阪　希望匿名）

診斷　也可利用反治療的方法

嗯，這果然是屬於病態嫉妒或所謂奧賽羅症候群之類的問題。不過還好，如果情況嚴重，會從「不會在外風流吧？」「難道沒有偷情嗎？」升格為「一定在外風流」的確信，而這已變成道道地地的嫉妒妄想。不僅是女性，男性當中也經常可見。

如果是一般的人生洽談，你也有令太太擔憂的某些部份吧。就在你的內心深處，不也潛藏著「來一段風流豔遇」的慾望嗎？多少體諒妻子的心情，加深夫婦間的對話吧。好了，一件完畢。

這不是開玩笑。「想有風流豔遇」的心情，不僅潛伏在多數男性的內心，甚至已出沒於表面，如此明白直言，將讓全世界的所有太太族為嫉火焚身。其實即使丈夫真的在外風流，也有做太太的表現坦然自若的態度，幾乎不為所困。

所以，追根究底是你太太的心理有問題。

一般和「心理有問題」的人對話，並不會過度深入。那麼，專家是否有深入的對談呢？我所認識的三名精神醫師中，其中一人並沒有做再深入的對談。但是，和做深入洽談的其餘二人相比，治療成績也不落人後。所以，並非深談就有好效果。

不過，你的做法也不太好。「我替妳看孩子，出去玩吧！」這樣的勸誘只會令對方更為懷疑。甚至渴望用一條粗繩捆住夫婦二人，讓你們如影隨形否則不安心吧。不，恐會反唇相譏：「你現在大概想著其他的女人吧！」或「昨天做了風流的夢吧！」

如果做什麼都無濟於事的話，「只要自己忍耐……」似乎也不太好。倒不如向太太宣稱：「如果妳還要這樣吃醋下去，我不真的搞婚外情還真是損失啊！現在只有等待妳的吃醋毛病痊癒了，我才停止拈花惹草。」

或者告訴她：「我好不容易遺忘了風流的事，妳這麼囉嗦不停，也怪不得我又想起來。啊，風流的念頭又蠢蠢欲動了。」這不也是好辦法。

第二章　風流、婚外情

19 風流的男性心理？

●洽談●

老公和我同年，都是三十九歲。最近，發覺他和二十九歲的女性偷情。據說十年前他們彼此就是師兄妹關係，二年前因我們夫婦的爭吵，發展為男女關係。有一陣子老公經常外宿，他謊稱是工作，而我也信以為真。剛開始他宣稱要撫養三個孩子，和女友一起住，但後來又說要和她分手。目前，她在女友的家中，跟我講明一個月後會做出了結。冷靜一想，這種事可能嗎？請告訴我何謂男性心理。

（大阪府　T女士）

診斷　想像力貧乏的丈夫會真的偷情

您向我討教男性心理，但男性也是形形色色，無法一概而言。換言之，個人的表現方式各不相同。

不過，妳若歸根究底地問：本性是否類似呢？這一點倒不敢否認，而偷情卻是令人蠢蠢欲動，而且，對方最好是年輕貌美，男人總渴望瞞著太太守住這個祕密。不但如此，最好能像哈雷姆一樣，有數人甚至數十名美女前呼後擁地侍候，更是無上的幸福。但是，若要達成這個野心勃勃的欲望，必須有龐大的權力、財力、體力及其他，而多數男人根本缺乏這些要素，於是只好暗地偸腥，或守著自己的老婆強忍慾望。

只鍾情太太一人，對女性而言也許恰到好處，但這只不過是虛弱、小心、呆板或不夠伶俐而已。在男士同伴間並不太受重視（只給人安心而已）。當然，其中也有實力充足卻怕在周遭興風作浪，於是只憑超人的想像力而守住忠貞的男性。

是什麼樣的想像力呢？那是一種即使對象永遠是自己的老婆，但每次都能閉上眼幻想另一個心儀的女性，而達到信守男人本份的想像能力。

有一個著名的笑話。一名太太讓最近顯得虛弱的丈夫接受催眠療法。結果產生效果，丈夫回復原有的雄風，但不論欣喜的太太一再追問，也不告知所接受的是什麼樣的治療。某天夜裡，正在翻雲覆雨的當中，丈夫的嘴裡不停地唸唸有詞，老婆仔細一聽，老公嘴巴裡所反覆的竟然是：「不是老婆、不是老婆。」啊！就是這麼一回事。

所以，如果想像力貧乏的老公，不是精疲力竭，就是在外風流。一旦付諸行動，才能體驗「自己是男人」的興奮與充實感，而食髓知味之後，會想盡各種謀略虛與委蛇，儘其所能維持實質上的重婚。從某觀點而言，簡直厚顏無恥，因為，想守住家庭也要外邊的女人。

當然，妳可以緊追不捨到老公已達窮途末路，並讓他做出一番選擇，但是，有數戒男性會選擇女人而放棄家庭或兒女，這一點請要有所覺悟。

20 攜帶兩個呼叫器的丈夫

●洽談●

二十歲的主婦。有一個快三個月的女兒。上個月發覺丈夫有婚外情，正煩惱著是否應該和他離婚。據說對方是早在和我認識的三年前就已來往。而那名女子似乎完全不知道我的存在，每天打電話、見面，並打算結婚。回想起來，老公回家總在十點過後，身上的呼叫器也說是朋友的而帶了兩個。老公說會與那個女人分手，但以往已經有過數次被騙的經驗，令我感到不安。在我懷孕期間並不體恤我，和婆婆也相處不好，這些都是令我不安的因素。

（奈良縣　煩惱的妻子）

診斷

死心不追究或儘早做個了結

清官難斷家務事，實在是沒有筆者置喙的餘地，不過，假設妳是我的女兒吧。其實，我自己的長女和妳的年齡也相差無幾。既然如此，我也來想想應該給妳什麼樣的建議。

「這件事啊，妳真是個傻瓜喲！年輕女孩通常都是傻瓜。只要有那麼個男人稍微對你奉承吹捧，就信以為那個男人把自己當做世界上唯一最重要的對象。這就是錯誤的根源。就連老爸我自己也記得，年輕時候只要對方是年輕的女人，任何人都是『獵豔的對象』。如果能佔點便宜又能無事脫身，更是再好不過。嘿，太過份了吧！

但這並不表示，唯獨女人是淸高廉潔的喔！每個女人不也虎視眈眈地覬覦，儘可能釣到一隻金龜婿嗎？如果是男人死皮賴臉地追求，倒還有話可說，但女人是很狡猾的，往往想盡辦法讓男人主動追求。而這個算盤可打錯了。妳動點腦筋就明白了嘛，會一再死皮賴臉地追求或花言巧語地搭訕的男人，一定也會對其他女人有同樣的舉動。妳呀，最好再好好地照一下鏡子吧。妳是世界第一大美女嗎？心地善良的連聖女泰樂莎也自嘆不如嗎？身材玲瓏有致，讓好萊塢女性個個汗顏嗎？不會是這樣吧！若是如此，與妳交往的男人早就生膩了。尤其是看到女人就流口水的輕浮男人，一定開始物色下一個對象。

風流習性這種東西，到了年紀一大把也改不了的。既然天生是四處向女人搭訕也不引以為意的性格，今後恐怕還有數次讓妳落淚的時候吧。

唉，如果是優點頗爲可觀的男人，只好死心不再追究，忍耐數十年吧。因為，可能有值得妳忍氣吞聲的價值吧。否則，還是儘早做個了斷與他分手。

今後帶著拖油瓶且要一個女人獨立生活，可能非常辛苦，不過，如果有一個男人並不嫌棄妳，而願意與妳攜手邁向人生，這說不定是意外的幸運呢。像這麼好的男人，偶而還是會出現的。那就像是菩薩的化身一樣。正因為如此，並不怎麼可取的女人也能擁有幸福。對這樣的丈夫可要心存感謝啊！但是，像我們那位老太婆一樣不知恩情的人可多著呢！」

21 丈夫因外遇而逃避家庭

●洽談●

結婚第四年。丈夫（三十三）和我（二十七）以及一歲九個月大的兒子共三人的家庭。丈夫似乎在外有特定的女性，每天都深夜兩點左右才回家。休假日就以疲倦為由也不理會孩子。孩子出生前，我本以為他會是個疼愛孩子的人，但實際生下孩子後，他對孩子不是怒喝就是打耳光。我無法允許這樣的丈夫，因而對他的要求曾經強烈地排斥。事後他告訴我：「既然被妳拒絕，從此不再把妳當做性對象。」所以，他這是表明叫我默認他的外遇嗎？我認為他不是個稱職父親、丈夫，而是從逃避家庭尋求輕鬆的生活方式。

（煩惱的妻子）

診斷

固執己見或選擇重新再出發

接連數篇都是險象叢生的洽談，這位女士在信函的後記上還寫著：「每想到這些事情，就忍不住想懸樑上吊，一死百了。」

如果事態演變成那樣的情況，妳的老公一定大吃一驚，爾後即使和女人交往，也許在微暗處擁身相抱時對方轉身回頭的剎那，竟然驚覺地以為那是妳的臉孔。

彷彿是現代板『四谷怪談』。

那麼，提到那個伊右衛門（四谷怪談的主角），不，妳的老公，誠如妳所言是個「不稱職的父親」，轉而謀求輕鬆或愉快的方式，不過，也有可能是因曾經被強烈拒絕而懷恨在心。事實上就有這種對顏面上的飲恨相當耿耿於懷的人。

雖然妳也說為此事向老公道過歉，但如果因一句抱歉而能把恩怨付諸流水、度量宏大的男人，舉止行為至少會像個父親，也不會為了報復而在外與女人胡搞。令我最無法理解的是妳所提到的「原以為他是個疼愛孩子的人」這一段話，妳為什麼會這麼相信呢？所謂的真正疼愛孩子，是指孩子問世前看不出跡象，甚至豪言：「我最討厭小傢伙了！」而孩子一旦問世，竟然出乎意外地會幫他洗澡的人。

接著來談對策吧。方法之一是，此後數十年一直努力扮演著沒有性生活的妻子。這算是一種賭氣吧。如果對方不為此而折服，也許是件悲劇，但通常母親會和孩子相依為命，變成一個病態的家庭。另一個方法是，擁有經濟力與魅力，不論是分居或回娘家，總之讓妳的人生重新再出發。也許帶著拖油瓶令人有處於劣勢之感，但一旦出現即使有拖油瓶，也願意長相左右的人，那才是真正的倚靠吧。

不論妳選擇其中那一項，總比上吊自殺來得好。因為，現代人似乎已失去變成魑魅鬼魂以報復對方的超能力了。

22 第一次的悸動

●洽談●

我是個已有妻子的男人（四十五）。目前對同一工作崗位的某一位單身女性（三十五）有著熱烈的思慕之情，每天過得非常痛苦。由於是在同一個工作崗位，不得不碰頭而令我感到極度困擾。她在一年半左右之前轉任到目前的崗位。雖然我和她都屬於沈默寡言的人，但不知何故和她談話卻特別投機，甚至體驗到未曾從任何女性身上所感受到的溫柔與優雅。我曾兩次邀她一起共餐，度過相當愉快的時光，但後來她告訴我：「我們以後不要在一起吃飯了。」我大為震驚。但是，我的腦海裡永遠無法拂去她的倩影。

（大阪市　煩惱的中年男子）

診斷

也許並非「紅娘牽線」而是唱獨腳戲

這是任何男女都可能發生的「擦身而過的邂逅」。也許我們多數人是和原本並非紅娘牽線的對象，因偶然的邂逅，有如腦筋突發事故一般結婚而度過一生吧。所幸通常到了後來也不會碰到被紅線連在一起的註定對象，自以為「人生就是這麼回事？」而蓋棺論定。但是，不知是幸或不幸，也有人在結婚生子經過數年或數十年後，才遇見命中註定的對象。這果然充滿著戲劇性，成為許多故事傳說或電影的題材。

就以筆者而言，紅線的另一端也許住在西藏或坎薩尼亞，但我卻不寄望與她見面。我希望像多數夫婦一樣，到進棺材也讓自己相信，目前的對象正是冥冥中的紅線所牽連的伴侶。既然這條紅線是「看不見」的，要怎麼想是隨人自由。

但是，你的情況則不同，對方已明白表示態度：「不要再交往」，因此，你們之間似乎沒有紅線的牽連，也許是你個人唱獨腳戲罷了。

平心而論，讓現任妻子願意與你離婚，並支付贍養費及兒女的養育費，結果所剩無幾的中年男人，就是你的真面目。如果到此情況，對方仍然願意跟隨著你，也許這確是命中安排的姻緣。但是，從實際的行動已經證明，目前你所抱持的船到橋頭自然直的安逸想法，是無法使對方順從。如果你有心割捨一切，即使赤貧如洗也在所不惜，也許對方會被你的真情所動，也願意以身相許。但是，對方可能揮一揮衣袖另尋所愛，而你則什麼也沒留下。這是非常大的冒險。如果對方是值得你冒這麼大風險的人，我也無話可說。但是，你果真有如此大的熱情與器量嗎？

如果沒有，應該像個男子漢，快劍揮斬情絲。啊！歷史上不知有數百億的男人，如此埋葬自己的感情！這才是真正雄赳赳氣昂昂的割捨。

相較之下，熱情澎湃、不顧前後而依自己的感覺勇往前進的男人，反而在此般壯烈的氣勢上略遜一籌。請尊重她的人生。

23 已過花甲之年仍心猿意馬

●洽談●

我是一名有工作的主婦。丈夫（六十一）在屆齡退休後所服務的公司，從三年前和一名年紀相仿的婦人開始來往，我發覺此事後大為震驚。正因為我完全地信賴丈夫，因而對於丈夫謊稱結識新的喝酒朋友信以為真，連晚歸的行徑也毫不懷疑。對方是和兒子一家人居住的寡婦。當事跡敗露時，丈夫堅決地向我約定，這完全是自己行為輕浮，絕不再犯，因而我也不再追究。但是，沒想到事經半年又聽到同樣的辯解……。

三十五年來的正妻寶座，到底算什麼？周遭者雖然都安慰我說，總有一天他會回到我的身邊……。

（大阪府　嘆息的妻子）

診斷　最不能倚「太座」為安

提起太座這個位置，是不能過於仰仗，不論它是三十二年或五十年，並不是越久越穩。坐得太久反而會變成「那是理所當然」，結果夫妻彼此竟變成空氣般的存在。換言之，存在是理所當然，既無可貴之處，也不再需要努力。直到它完全喪失，否則從來沒有人會反身自問：「對自己而言其間所深藏的重大意義。」

周遭人告訴你：「任由他去，總有一天必會回到妳的身邊。」的確，變成這個結果的機率很大，但也有一小部份的機率是，轉身投向他人的懷抱不再回頭。特別是那一邊的吸引力較大時，或者是妳過度騷動，讓他想回來也回不來的情況。換言之，妳過度放縱也危險，緊迫盯人也不得善果。

再者，妳是個踏實而牢靠的人，又有收入，也許以丈夫的立場而言，會令他覺得：「即使我不在，也能好好的活下去的女人。」這也會促進他的外遇傾向吧。至少讓他覺得：「如果我不在身邊，她就活不下去。」反而讓他無暇顧及其他。

不過，這個對象還好並非年輕女子。因為，她們通常是覬覦金錢或情緒不安定而無法和同年代的男人交往，甚至帶有強烈的戀父情結。既然外遇的對象是年齡相仿的人，由此可見妳的丈夫一定具有與同年齡層的魅力或性感的人。這樣的「好男人」已經讓妳獨佔了三十五年，所以，分一點讓沒有這種福份的人享受，應該也不會遭受天譴吧？這麼寫來恐怕秉性老實的人會真的動怒了，這全是開玩笑。

當然，妳的丈夫不對！違背三十五年的信賴與累積的成果，乃天人共怒的惡行。那是一種卑鄙、低俗、奸詐、噁心、汚穢、骯髒的作為，簡直是人間垃圾。

可不？讓沒有任何瓜葛的陌生人的我，如此不留餘地地文誅筆伐，妳該覺得暢快了吧？如果覺得暢快請原諒他。假使妳對我的怒罵、臭批有難以苟同之感，覺得：「何必說得這麼難聽。」即表示妳對老公仍有無法割捨的感情，這一點也請原諒吧。

24 有夫之婦的一見鍾情

●洽談●

結婚已經八年。雖然已有兩個孩子，卻喜歡上了別人。對方是在加油站工作，我甚至不知道他的姓名、住址及年齡。純屬我個人的一見鍾情。當然，對方也未曾察覺我的感情吧。我已是有夫之婦，自然一再地告訴自己不可癡心妄想，但腦海中總是他的影子，幾乎已到度日如年的境地。我的先生非常體貼，也非常勤快地做家事。家庭狀況十分圓滿。難道我必須一直忍耐直到完全忘掉這份情嗎？　（大阪府　煎熬的有夫之婦）

診斷　用行動來決定妳的熱情程度

人啊，多多少少總有一、二個喜歡的人。日本文學家芥川龍之介在一篇短文中寫到，某人結了婚，終其一生不再對配偶以外的異性有戀愛的感情。結尾是「何等粗鄙陋習」！換言之，他想要說的是，光靠婚姻這個制度上的慣例，並無法捆綁活生生的人的感情。

既然如此，即使是有夫之婦也沒有法律規定不可「一見鍾情」，我也不打誑語，就連筆者在每次通勤的時候，總會在車站或車內碰到令我覺得「喔，不錯喔！不錯喔！」的異性。

新約聖經的耶穌曾說：「以目姦淫者、應割捨其眼」。如果每個人奉守不移，情況可嚴重了。何處是我的「救主」啊！

總之，基於以上的理由，任何程度的「一見鍾情」事實上根本無所謂，問題在後續的動作。不知何故，老公越長進的太太，似乎越有紅杏出牆的傾向。倒是嫁給喜歡拈花惹草、酗酒而舉止粗暴、行為任性的男人的太太，反而貞節賢淑。

也許人是不可以覺得安心的。因為，不論男人或女人，只要覺得對方足以放心，似乎就有餘暇射獵周遭的景物，因為他們心裡認為：「太好了，這傢伙被我套牢了。但這下子又覺得無聊。其他還有什麼更好的呢？」人似乎是天生該遭天譴的。

問題是，你是何等程度的狂戀者。

一般所謂的狂戀者，根本不管世俗的規矩。也不計較損益得失。只要對某個想法深信不移必拼了老命，不僅是丈夫或兒女，甚至付出所有財產乃至國家機密或自己的生命，直奔向對方的懷抱。總之，用一句話來形容，就是傻瓜！如果妳是如此地狂熱，應該捨棄所有的一切直奔加油站。不過，「戀愛的火焰」衝向嚴禁煙火的加油站，必會造成一陣騷動吧。

一般人是很難做到的。既然辦不到，應該收斂實際的行動。妳瞧，到處看看這個社會，不是還有更好的在那裡嗎？只要找到下一個目標，放棄上一個就簡單了。如果為此帶有罪惡感，為了贖罪，回家後應該使出渾身解術好好地侍候妳的老公。

25 爲初戀狂熱

●洽談●

四十歲的主婦。二十一歲相親結婚之後，和雖然不怎麼牢靠卻奉公守法的上班族丈夫及兒女，過著圓滿的家庭生活。但是三年前在打工的公司與某個同事發展為兩情相悅的感情，現在就連休假日也想見他，每天過著茶飯不思的生活。對方當然已有家室。如果我們的事情曝光，就無法再待在公司，我想他也不會捨棄家庭與地位而跟我廝守。但是，我無法消除有生以來第一次湧現的愛火，一心只想著和他在一起。

（大阪　煩惱的主婦）

診斷

無法輕易割捨，但泰半的男人並不單純

論語中有言「四十而不惑」。其實這是孔子自身的自我期許，多數人到了四十歲仍然相當疑惑。

您這一段愛情也不能說是「黃昏之戀」，且是「還在現役中」、不折不扣的婚外情呢。對於人生中所遺漏的事情，急急忙忙想要趕緊完成的正是四十歲層、五十歲層的心態。以妳而言，這個遺漏的事情就是有如煎熬妳身心般的熱戀。這時候用道理來說服是毫無效果的。

如果是一般的情況，一旦有人陷入婚外情，我總會為他們從中理出負面效應，或告誡他們在什麼情況下罷手會有何不利點，以結論的方式叫當事者取捨，這類老套的回答通常可以解決事情，但妳的情況似乎無法以計算方式的條理來解決。即使剛開始是某一方基於逢場作戲的玩火，一旦著火之後必迅速蔓延，此乃這種火災的特徵。

大多數相關者都會因而灼傷。所以，有見識者通常會勸阻，及時回頭、罷手，但隨意的制止有時反而會產生煽動效應，使當事者雙方的戀火愈發熾熱。這稱為「羅密歐與茱莉葉效果」。因此，不要勸阻。特別是那些分明知道成就這段婚外情將有後果的人，我將不再做多餘的說教。因為，為愛殉情而拋棄家庭、未來、經濟、健康及所有一切的故事，有史以來多如鴻毛。

不過，猜想對方這位男士在緊要關頭，也許不會和妳一起沉淪吧。即使被追到窮途末路，到了二人必須一起殉情走上絕路時，建議妳可不要先喝毒藥。因為，輪到自己要喝時，這位男士有可能突然心生恐懼，想起自己的妻子而放棄了這個傻念頭，違背妳的真情。

以日本著名文學家太宰治的自殺例子而言，即使你們齊聲吆喝著一起跳水，如果妳不擅游泳，結果也是危險的。

請不要像年輕的女學生一般反駁：他不是那樣的人！既然妳的人生也走了四十載，應該明白大多數的男人並不單純。當然，像您的老公那樣的例外偶而也會出現一兩個吧。

第三章 育兒、養親的苦勞

26

沒有自立能力的兒子

●洽談●

二十五歲的兒子在祖母、母親、伯母三個女人的呵護下長大。性格雖然溫和、善良，卻有狡猾的另一面。從不聽家人的意見，我行我素。譬如，非常喜愛柏青哥、麻將、喝酒、抽煙，到現在仍然是打工的生活。朋友一大群，隨即勾三搭四、迎聲附和，因而常有邀約，連打工也經常翹班。最近漸漸有索取錢財的行徑。雖然我也曾想嚴格的對待他，卻擔心他是否因此而出入可輕易借錢的地方。

（大阪府　擔心的母親）

診斷

「總有人幫忙症候群」

這種情況最近相當多。我把現今的青少年命名為「總有人幫忙症候群」。而在這二、三十年間，這一族群與日俱增。

也許和我國的經濟發展、生育少、父性原理的後退有關吧。換言之，孩子是在父母視若瑰寶般地呵護下長大，根據起自乳幼兒期所累積的「總有人幫忙」的經驗累積，在性格或心理深處似乎已根深蒂固的有著「啊，即使隨便做做，最後總有人幫忙」的信念。

結果形成缺乏耐性、工作不安定、對義務與責任遲鈍而只對權力敏感的現象。最後變成自立的退化。特別是經濟上的自立，比二次大戰前慢約兩倍以上，高達一九五〇年代的五成以上。換言之，具有一直倚附在父母身邊的強烈傾向。而且，被倚賴的父母也漸漸出現，即使哀嘆一聲：「真拿你沒辦法！」卻又帶著一種滿足持續供給其錢財的有趣景象。

總之，不僅是父母，社會整體都對「總有人幫忙」的期許過於熱衷。在這樣的風潮下成長，必定有部份不知恥的青年即使年屆二十五或三十而立，也無法培養「自己的屁股自己擦」的習慣。因為，凡事「總有人幫忙」。

在這些人當中，就連外頭的娛樂費也會向個人金融借貸，從不打算由自己償還。因為，「總有人幫忙」。而且，他們認為即使是金融業，「也會有人幫忙」。也許是家人代為支付，或專屬的道上兄弟出來打圓場，也可能向其他金融業借貸而由他們墊付。

換句話說，似乎全國大大小小都是在「總有人幫忙」的前題下生活。因為，即使沒飯吃，社會福祉事務所也會「有人幫忙」。

但是，家人若害怕落入這番境地而到處為其擦屁股，這種惡習也許一生也改不了。而且，一定會變成永遠需要人背負又擁抱的「硬要人背的鬼」。這是非常沉重的啊！

妳若是不願意，雖然可能為時晚矣，但從今以後應擺出一副鐵石心腸，在距離上或心理上慢慢與之脫離關係。

27

因搬家而排斥上學

●洽談●

我因次男（就讀國中二年級）的問題，找您商量。我們在一年左右前決定和父母同住，蓋了新房子後舉家喬遷。決定喬遷之後，次男開始持續產生微熱，於是經常告假不上課。我們在春假期間讓他轉校，原本以為他已經熟悉新學校的環境，但這份安心稍縱即逝。他又開始出現發燒的情形。有時高達三十九度，一學期的出席日數只有三分之一。到了第二學期，狀況並沒有太大的轉變。雖然在醫院接受過檢查，但醫師的診斷是並無特殊疾病，應是壓力造成。當事者則說是搬家的緣故。他的父親非常討厭小孩不上學，因此，最近都守口如瓶。

（大阪府　煩惱的母親）

診斷

提高夫婦間的親近度，兒女則任由發展

首先，這可以當做是拒絕上學的一種。

仔細閱讀下來，這似乎是為某個不願意和父母同住的人，辯解其心情的一些症狀。那麼，到底是誰的心情？那是他最親密而接近的家人中的某一個人。在此並不點明那是誰。若要證實這個深入解讀的解釋是否正確，以及試驗當事者自己所舉的原因（搬家）是否屬實，應該試著回到原來的家庭或學校。

如果回到原點仍然沒有改善，則表示這只是單純的排斥上學，仔細分析搬家的內在原因則是錯誤的見解。如果妳認為根本辦不到，事到如今怎能回到原處，則只能在原因不明的情況下尋找因應對策。其實，原因不明也無所謂，此乃最近的治療思想（例如呼吸療法），倒不需要感到失望。

首先，對父親守口如瓶並不好。這無異表示和母親連袂欺騙父親。不僅是這種形式，只要是母親和孩子保持密切結合的形式，原則上會拉長拒絕上學的情況。當然，也要根據父親是何種程度的人物而定，不過，如果父母之間的連帶關係較強，和兒女保持一線距離，過程似乎較為順暢。也許是這個緣故，在夫婦之間的情愫較強的美國，學校內頻繁發生嗑藥、開槍事件之前，拒絕上學的情形似乎較少。

不過，縱然想要保持連帶關係，但有相當多的母親或兒女總覺得父親是令人避之唯恐不及的存在。父親多少散發著難以親近及令人窒息之感。

從前曾經有人疾言厲聲地指責，排斥上學的原因乃在於缺乏存在感的父親，而且，最近也聽聞唯有父親在家的日子才上學的例子。在二次大戰前，父親不僅令人有窒息感，甚至還猛烈地噴出火花，也許因此而鮮少有人不上學吧。

基於以上分析，您不妨提高夫婦之間的親近度，小孩的問題則任由發展，花一點時間再做觀察吧。如果事態仍然不明朗，各地的青春期專門機構、心理咨詢中心都等候您的光臨。

28 對學校帶著不潔感

●洽談●

讀中學一年級的男孩。約從小學六年級開始，覺得學校所用過的東西都是骯髒的，即使穿便服上學，一回到家隨即換掉所有衣物，沖洗頭髮。寫完作業後立即洗手，就連我看過學校的印刷品後，也告訴我務必洗手。讀中學之後這種情況越來越嚴重，一放學立即沖澡，如果要騎腳踏車上學，必先用水沖洗後才搭乘。如果家裡的人在他的書桌周圍徘徊，必橫眉豎目緊盯著瞧。因此，無法專心於功課，成績日漸退步。聽說在教室並沒有這樣的態度。

（岡山縣　主婦）

診斷

不淨除「污穢」則不甘心

我想這是青春期的強迫神經症。建議您找兒童、青春期的專門醫師問診。其實這是我的結論，不過，三言兩語就做了結論，似乎不夠親切，因此，藉助一點篇幅稍做解說。

這是在強迫性障礙中，屬於不潔恐懼或洗淨強迫的一種。而「不潔」遠比客觀上被黴菌等污染的事實更為抽象，似乎是接近於習慣上所稱的「污穢」的感覺。內心深處有所排斥或恐懼的對象，例如父親或外界的學校、職場等相關的事物，甚至是所接觸的物品有一種特別覺得汚穢的感覺。如果不把它們弄乾淨則耿耿於懷。

原因不太清楚。有些學者認為純屬體質造成；而有人主張是乳幼兒期的母子關係或父母子三角關係的後遺症；另有人主張和嚴格的家教有關；又有人認為是起因於當事者的不安全感及外在支配慾望；或有人認為可能是因清潔的行動使其感到坦然，結果成為癖性；也有人說是試圖從扭曲的家族關係中獲得注目的行為。總之，衆說紛紜莫衷一是。既是衆說紛紜，也許多少都有自吹自擂之嫌。說不定並非任何人的緣故。不管是什麼原因，問題在於能否治癒。但是，情況可是千差萬別，並不像風疹在發疹三天後即消失，無法做確實的預言。

就以筆者個人的經驗而言，從半年左右症狀已大幅減輕的女性，中學時期出現此種症狀，持續數年但也能考上國立大學的男性，乃至途中演變成精神障礙的少年或因精神障礙而變成強迫神經症的中年女子，甚至持續數十年的「強迫人生」的老紳士等，林林總總不一而足。既然他已能在教室自我控制，我想應該不會有最惡劣的情況讓妳擔憂。

治療的方式是利用向精神藥與心理治療，但這和患者之間似乎也有適應與否的問題。根據治療者或藥物、心理療法及當事人、家人的配合關係，有些情況相當順利，但也有病情拖延的情況。但是，從長遠的眼光看來，不論是接受任何治療，原本是惡性者，治療上自然不如預期的順暢，若是良性者在二、三年內即可治癒。我認為家人不需為他的行為牽腸掛肚，保持開朗的態度並認為：「總有一天會好。」反而對病情有益。

29 離不開卡通影片

●洽談●

割捨不下卡通影片以及曾有過的不愉快回憶交相重疊，使我無法專心讀書，大傷腦筋。我從小學開始就被同學欺侮，紛紛罵我：「骯髒鬼！」「怎麼在這裡！」我只能以淚洗面。但是，讀中學之後，沈迷於卡通影片，即使沒有朋友也過得愉快。但好景不常，去年進入一所費用極高的明星高中，從此再也無法脫離原本想要斷絕關係的卡通影片，且一再想起過去那段不愉快的回憶，生活倍受騷擾。當情緒一興奮，會突然站起身來在四周徘徊，難道這已經是不折不扣的腦神經衰弱症嗎？（兵庫縣　煩惱的高中生）

診斷

自我認定會阻礙人生的發展

嗯，這是一名高中生對過去的懷恨與戀戀不捨的情懷。

我認為人在二十或三十歲之前，往往認為只有未來而沒有過去。如果是七十或八十歲的人，過去則比未來的時空龐大，自然會有悔恨、緬懷舊情、依依不捨等的情愫。但像你這麼年輕而無牽掛的少年，未來的日子應該是比較長吧。但是，不問男女老幼都有一個共通的原則，那就是不能確實地根植於現狀。如果是樂觀的人，只會對未來編織幻想與期待，沒有道地的努力，或完全沉溺於過去甘美的回憶。相反地，如果是悲觀的人，只會一再地反芻過去的不滿而感到懊悔，或擔心未來、被危懼感所壓倒而一事無成。兩者都有其缺失。

首先，你應該認淸某些自我認定的觀念會阻礙人生的發展。我搞不淸楚你為什麼想和卡通影片斷絕關係呢？而且，既然是鼎鼎大名的明星高中，應該不會再出現「骯髒的傢伙！」或「為何有你的存在？」之類的侮蔑情形吧。你最後所提到的，情緒一興奮會站起來四處徘徊就是腦神經衰弱，依你之言，那麼大部份聽搖滾音樂會或觀看足球賽的來賓，個個都是腦神經衰弱囉！換句話說，我認為你還是持續喜歡看卡通影片的興趣吧。不光是看雜誌上的卡通漫畫，可以試著自由描繪卡通人物，也做塗顏色的練習，當你上了大學之後，或許還可以應用在打工生活上。即使無法到達此番境界，也可以把多餘的紙張收集成册，畫一些形態互異的圖畫，自己創作數種「分閱式卡通漫畫」，將來你的兒女一定會喜歡。

同時，和小學生的那段黑暗時期相較下，應該為目前「不會露骨地被欺侮的境遇」心存感謝。你應該發覺到自己已經走過心酸而痛苦的隧道。如果是「不折不扣的腦神經衰弱」，那麼，病情既然已經發展到如假包換的程度，倒也不必擔心情況會再惡化。如果根據森田療法的始祖、森田博士的指示，拼了命「想辦法治癒」反而可能有不好的結果。如果真的是完完全全的腦神經衰弱，那麼它已經是個完成品，就把它賣掉吧！然後把目標朝向不完全的成年人或未完成的漫畫家，努力下一番功夫吧！為此，即使是筆友也好，應儘量結識朋友。

30 兒子染上流氓的氣息

●洽談●

讀中學二年級的長男，開始表現出所謂不良少年的舉止。以往不論是功課、生活或才藝（電子琴、英文會話）都沒有任何問題，生活狀況相當良好。但是，小學六年級時，被一群本來交情很好的同伴疏離，因此而有被欺侮的經驗，似乎有一段時期為了維持友誼，用金錢或電動玩具的軟體做為交換。最近他告訴我不想讀高中。每次我告訴丈夫這些事情，他的回答總是：「現在說什麼也無濟於事。」丈夫因工作常不在家，偶而拿出這個話題來就會吵架。

（岡山　煩惱的母親）

診斷

「唯獨自己的孩子要想想辦法」的愛情與執著

這次的話題屬於感同身受類型。即使是我的家，母親的想法與父親的想法和此問題的情形一模一樣。因此，沒有必要再多加贅言。倒是有一個要求，我們不妨一起連署找其他的報社做人生洽談呢？其實事先已有標準答案等候。似乎沒有多大的意義。

如果是從老祖宗開始就出產「不良品種」的家庭，大概也不會這麼擔憂吧。譬如，祖父原本是賭徒，但最近已從此道淡出，不再咄咄逼人；父親原本是鎮日發牢騷的遊手好閒者，如今卻在商場經營成功而生意興隆，或哥哥早從暴走族金盆洗手，在父親的公司幫忙。如此家世的么兒即使生活上出現紊亂的跡象，周遭者也只有「又來了？」的狐疑卻不足為奇。但是，如果是在代代相傳著奉公守法精神的家庭，一旦出現不正常的異性交往或背著家人抽煙、吸強力膠的子孫，恐怕是驚天動地的大事情。

其實任何一所中學，約有一成左右是「有不良傾向」的學生，而調查二十歲上下的青年人，有三成左右曾經有過順手牽羊的經驗。就在三十年前，高中升學率還不及半數。現今中、高中的不良學生，一旦過了二十歲或三十歲大半會浪子回頭。

為人父母者雖然明白這個道理，但難免會擔心自己孩子的將來。假設不良跡象是出現在鄰居的孩子身上，反而能冷靜的設想：「不必擔心，八成左右長大後就變乖了！」其間的差異在那裡？這完全是「我的孩子總得想個辦法」的愛情及慾望、執著、體面所造成的。

這種現象，筆者命名為「鬼子母神情結」。若要克服，必須讓自己能夠把孩子當做是「鄰居的孩子」，或者想辦法增產報國，讓自己自然地產生：「一、二個孩子死了或墮落也無所謂，身邊還有許多娃娃頭呢！」的心態。換言之，今天大家高聲疾呼的「愛情不足乃青少年變壞的原因」，幾乎是天大的謊言，反而是「愛情過剩是造成心痛兒女變壞的原因」「愛情不足可改善父母的精神衛生」較接近事實。結果，家裡出現不良兒女的父母，必須在兩者中做出一個選擇。那就是持續關愛也持續擔憂，或者減少關愛而讓自己放心？

31 素行不良的長男

●洽談●

我一直為已經二十六歲的長男的行為煩惱不已。從幼稚園開始就擅自拿零用錢花，好不容易高中畢業，工作卻是幹一行怨一行。擅自偷拿家裡的東西，也曾經盜取公司的商品，而成為警局的座上客。告訴他該自己獨立在外生活，也許是器量膽小，就是不肯離開家。但夜裡悄悄走進別人的房間、弄壞姊姊異性朋友們的車子，毫不在意地做出令人厭煩的事，有這樣的兒子讓我每天覺得恐怖不已。我好幾次告訴老公，但老公卻認為本性難移而不理不睬。

（大阪 煩惱的主婦）

診斷

聰明的壞蛋必會察覺「惡因惡果」

確實有這樣的人。一般而言，一般人走過青春期進入社會之後，通常會洗心革面，但也有老而不羞、壞到底的人。

以心理學的立場所做的解釋是，如果父母也是半斤八兩的壞蛋，上樑不正下樑自然歪，相反地，父母若是正經八百的人，隱藏在父母深層心裡內的相反面必會出現在兒女身上。真是胡說八道，如果讓這些專家只看父母而追問他們：「那麼，猜猜這對父母的孩子是怎樣的人？」號稱專家者必個個跌破眼鏡。我們不能斷定黑金掛勾的政治家的父母，必是暗地裡偷雞摸狗的政治家，抑或性格正好相反，是個嚴謹篤實而討厭政治的人物，事實上兩者皆非的情況居多。因此，我們的說法是，不論父母是什麼樣的人物，生下做惡多端的孩子或黑金掛勾的政治家與否，根本毫無根據。那麼，今後會如何呢？有些人在人生途中會痛改前非而棄惡從善，但這幾乎已成為自古以來的傳說，有如滄海之一粟。

頻率最高的重生經過，是不良青少年洗心革面的情況。放蕩墮落的青年，有半數以上隨著年紀的增長，從事正當職業後即踏入正途。這似乎和心理諮詢或收容設施的有無毫無關係。也不是被釋迦牟尼感化或遇見耶穌使然。似乎是長大成人後，在自己必須面對人生、掙一口飯吃的時候，自然放下屠刀立地成佛了。

經過以上的說明已稍微理出頭緒，即使是二十六歲的青年，對他停止一切的支援，使其處於必須獨自面對社會的處境，也許是最後的機會。在此情況下仍故態復萌、素行不改，也許是徹頭徹尾的壞蛋。我私下覺得，原則上對周遭人物漫天亂撒不快禍因的人，不會有真正的幸福，從某個角度而言，他們必須永遠接受自己所撒下的惡種，一一結成惡果的天罰。

唯有聰明的壞蛋會察覺這個循環體系，在成長過程中會慢慢地撒下「良種」吧。佛家有言「善因善果、惡因惡果」。也許這並非是道德或戒律，只是社會生活的自然法則吧。誠心地期許令公子擁有察覺這番道理的腦袋。

32 被孩子的話刺傷

●洽談●

我的孩子三言兩語就說「笨蛋」。較小的孩子每次哭著說：「奶奶笨蛋！」時，他的祖母會為此而生氣。而我自己碰到三歲的孩子哭著說笨蛋時，認為是小孩為造成其哭泣的拼命反抗，並不引以為意。但是，較大的孩子（五歲）每次看到我做錯事，或平常搗蛋地說「笨蛋」時，我覺得非常不悅。我認為這是電視的不良影響。因此，我告訴他們，大人有時也會因小孩的一些話而受到傷害。該怎麼辦才能讓他們不再說「笨蛋」呢？

（德島　Y女士）

診斷

不必太在意乃賢明之策

根據行動科學，不論是笨蛋、傻瓜或白痴，任何混語惡詞都有可能慢慢消失。最確實的方法是，徹底控制說話者周遭的環境，只要出現不妥的語詞，即反覆忽視或罰責與之對應。以前就有報告指出，這個方法改善了嚴重的酗酒症或有攻擊性的孩子。但是，這完全是實驗中的神話。因為，可以徹底地控制某個人的周遭環境，只有在軍隊、監獄或封鎖的醫院內。所以，一旦離開那個環境，通常故態復萌。處於自由的環境，人會慢慢流露出自己最習慣的言行舉止。換言之，嗜酒者開始喝酒，有攻擊行為的孩子也有暴力的傾向，若某些語詞還能紓解內在積壓的情緒，則如連珠炮似地一再地反覆該語詞。

您認為這可能是電視的不良影響，但是，全部讓他們看「好孩子」的典範，也不見得所有的孩子都會受到薰陶而變成乖孩子。其實我們從幼兒期開始，已聽聞許多先哲偉人的典範，而是否效法學習，完全在於個人的嗜好或容易模仿的傾向而已。譬如，讓小孩看正氣凜然的包青天，有些人只效法其中的貪官污吏而成長，也有和被迫害的善良老百姓一模一樣長大的人，當然，有人欣賞以正義和權威為後盾，打擊公認惡敵的豪傑，或只有模仿包大人走路的神態而已，形形色色不一而足。

「笨蛋」雖是不太高雅的語詞，但它和粗鄙語詞常見的效果是，多少可以紓解內在的壓力。尤其是生氣時，向對方或命運大叫一聲笨蛋，對精神衛生而言，遠比靜靜地忍耐更好。同時，可以用言詞來表現內在的攻擊性，也勝於嚎啕大哭或咬牙切齒的行為。

假設讓孩子不再說這樣的語詞，但卻讓他用「痴呆」或「垃圾」取代，更嚴重的是使其內心只想到「去死！」時，妳該怎麼辦？因此，也許改變妳自己的感受或接納的方法，儘量不要放在心上反而是賢明之策。反正「笨蛋」只不過是笨和蛋的發音連結而成的一個空氣震動罷了。如果妳仍然耿耿於懷，當孩子一說出口，妳隨即反唇相譏，或像古來為人父母者所教育的，「說笨蛋的人就是笨蛋！」不妨用這個方法指導他。

33 追求男性典範的長男

●洽談●

國三的長男從小學開始就為非作歹，如順手牽羊、深夜在外遊蕩、無照駕駛、竊盜單車等愈演愈烈。但性格卻和他的作為正好相反，怕被人拘捕而四處逃避。現在回想起來，我一直趁丈夫懦弱、善良的性格，把長男像洋娃娃般地嬌寵，試圖建立理想的家庭。這種令人窒息的家庭，難怪丈夫會以工作為避風港。但目前我們已漸漸回復應有的人性與自我。我覺得追求男性模範而徬徨不已的長男非常可憐。（兵庫縣　煩惱的母親）

診斷

不要被青春期理論的神話所誘惑

這個社會充斥著許許多多的誤解，多數人因為信奉不疑而遭受莫大的麻煩。譬如，因為「父親的存在感較少，母親過度干涉時，孩子會排斥上學。」之類神話之賜，有些父親拒絕單身赴任，再也不汲汲營營追求出人頭地，每個禮拜和孩子一起去釣魚，而母親也走出家庭，從事並不熟悉的打工生活。結果變得怎麼樣？三年後，孩子高高興興地上學了。

但是，也有拒絕專家治療的例子。例如，另一種父親認為：「懦弱膽怯乃孩子自己的個性。」而不引以為意，母親也違背專家的建議，仍然持續過度干涉。結果如何呢？據說他們的孩子在半年後又開始上學了！既然如此，我倒認為推廣「拒絕上學多半是不論做什麼（不做什麼），數年後會自然解決。」的理論，反而對別人有幫助。

其實，就是這麼一回事。根據您的來信，出現有拒食症或拒絕上學孩子的家庭也不比有暴力傾向孩子的家庭來得唐突，而且，看看周遭鄰居到處可見「膽小而善良，以工作為避風港的父親，把孩子當做寵物，扮演理想家庭的母親」。如果這是孩子為非作歹的原因，那麼，這些孩子應該全部都會竊取摩托車或自行車，這麼一來，車站前的腳踏車必消逝無蹤。

或許您的長男並非「追求男性模範而無所適從」。這類文學上的解釋乃青春期理論的神話。「可憐」倒是身爲父母與手足者。事實上當事者只是遊手好閒，追求享樂，給社會帶來麻煩卻又不敢擔負責任，過著專揀便宜的生活。最後的結果只有某天飽嘗苦頭，或在嘗到惡果之前痛改前非，亦或到了一定的年齡後不再幹糊塗事了。

不過，貴公子的為非作歹倒是給家庭帶來許多的恩惠。

第一是，家人「漸漸回復人性、擁有自我」。如果您的孩子是資優生，今後您必刻意「一再扮演理想的家庭」。

當然，並非必須向他表示感謝。我要說的是，他只不過是率性而為罷了，但結果看來也會對周遭者帶來正面影響。

34 老爸也想離家出走！

●洽談●

兒子在讀中學、高中時，就把大好青春浪費在電視遊樂器上。而大學是重考一年後讀了一所位於鄉下默默無名的私立大學。鮮少認真上學，大二時覺得打工生活有趣，結果必修學分是零。所賺的錢全數奉獻給遊樂中心、柏青哥。我實在看不下去而指責他時，他卻回我一句：「想退學。」質問他難道用打零工過一生嗎？他則說：「沒有想到未來的事。」我沒有想到會教育出這樣的兒子，但既已長大成人也莫可奈何。不過，看著已過二十歲卻過這種生活的兒子，實在是痛苦。內人至今還袒護說：「父母都不管了，誰會照顧他呢？」既然如此，我想離家出走，您認為如何呢？（大阪　煩惱的父親）

診斷

必須有要做就做徹底的覺悟

原先的信函是，周遭也有數名「同病相憐」的父親，投書者是以代表的身份質疑。這樣的人還不少嘛！對「現代兒」或「現今潮流的過保護母親」已到了不忍卒睹的父親，正是「現代父親」的群相。唉，何必隱瞞呢，如此批判的筆者我也算得上是其中一人（這個部份，向老婆保密）。

因此，並沒有了不起的創見。

您說想離家出走，其實筆者也認真的檢討過這個問題。我曾四處瀏覽張貼在電線桿上的房間出租廣告，甚至準備了權利金。事實上死給他們看是最好的辦法。平日忘恩負義的老婆及兒女們必一臉鐵青、哭喪不已。沒有比這個更具效果的打擊療法。但是，可沒有道理為了警醒兒女，而犧牲自己的生命吧。所以，離家出走算是較穩當的方法。

當然，這是脫離戰線或離陣脫逃的做法，算是不太名譽的選擇。而且，一段時間後形容枯槁地回來，不正成了大家的笑話。如果要做，必須能徹底地捨棄「勢力範圍、故鄉、馴服的跟班、晚輩等」一切，完全斷絕所有緣份而消失的覺悟。也許「女人與小人」們罔顧自己平日的態度，而指責為人父、為人夫的責任，或怒罵卑鄙，甚至訴諸法律指控「惡意遺棄」，但這有什麼大不了的呢！男子漢只要態度堅絕，秉持不退讓的行動，這些都是牢騷話罷了。

以筆者而言，膝下尚有無辜的幼兒以及可愛的孩子，因此，打消了離家的主意。如果讓他們也痛哭流涕，實在太可憐。而且，仔細一想，惹事者的那些傢伙，即使不必由我下達天罰的指令，若還得寸進尺總有一天會遭受天罰。總之，「他們也有他們的人生」。話又說回來，年紀一大把的歐吉桑離家出走，根本不可能有重新朝玫瑰人生出發的後路。

不過，我倒有一個建議，不如那一天某人身先士卒充當代表，給不長進的妻子們一記鐵鎚般地突然失蹤呢?結果，如果數年後證實得到萬事可喜可賀的效果……。

那麼，我們就連袂一起大逃亡吧！是吧，各位同病相憐者。

35

結不了婚的兒子

●洽談●

我因兒子的婚事找您商量。兒子今年三十二歲，大學畢業後在公司上班。個性認真、老實，受到朋友的喜愛。熱愛運動，身材高大，在父母眼中看來，長相也不差。但是，從學生時期就未曾聽聞有過女朋友。也許是因個性較消極，即使有喜歡的人也不敢追求吧。從五年前大約相親了十餘回，剛開始即使對方有好的回應，不知是因後勁不足，到最後總是被拒絕。兒子是否能找到心地善良、理想的對象呢？如此下去我擔心兒子將一生孤寡。

（和歌山市　煩惱的母親）

診斷

當事者的人生由當事者決定

確實有這種類型的人。幾乎找不出缺點的年輕人，卻和婚姻無緣。

首先是可喜的回答。

只要不是同性戀者，有一天必會找到對象。緣份是非常奇妙的東西，萬事具備，也有欠東風的情況，不過，東風一來水到渠成。

其次是不吉的回答。

也許對象並非「心地善良的理想伴侶」，而是與理想略有偏離，情緒暴躁的女性。因為，從機率上而言，「認真而老實」的男性，很難和「心地善良」的女性結合。

第一個原因是，心地善良的理想女性，幾乎在青春年華就有厚顏無恥且粗暴的男性死命活追，結果走進家庭（啊，真可惜！）。

第二個原因是，認真而老實的男性，除非有態度積極而主動追求的女性的猛烈煽動，否則很難走上結婚的紅毯。

而一般此種情況都是歡喜收場。生下來的孩子幾乎平分夫婦二人的資質而順利成長。當然，新家庭也是太座主導型，認真而老實的丈夫，恐怕在外人眼中是個唯太座是從的人。但是，這也是家庭和諧的一種模式。

怎麼樣？兒子的婚姻並不見得都令人滿意吧。既然如此，您難道不希望他一直保持單身貴族的身份，永遠待在家裡做一個忠厚老實的乖孩子嗎？

話雖如此，為那已過三十而立的大孩子的婚姻操勞不已的父母們仍然不絕於後。雖然通常的原則是，父母過於賣命，當事者反而愈發不引以為意。不論是學業、工作或婚姻。您難道沒有讓當事者處理人生的打算嗎？

36

長男一直沒有結婚對象

●洽談●

結婚四十年，夫婦二人都是消極的人。雖然沒有經濟能力，但我們都認真地為生活打拼。天生不擅長與人交往，未曾有過全家人一起出外旅行或享受休閒娛樂的經驗。我覺得這是一個過於樸實而顯得消沉的家庭。長女已經結婚住在其他城市，而長男今年三十三歲，仍然沒有找到合適的伴侶。他認為自己的事情自己來處理，一個人獨自在其他縣市居住、工作。但是，身為父母總覺得有某種責任。難道就順其自然，暗自祈求幸福來臨嗎？

（煩惱的母親）

診斷

結婚不一定會帶來「幸福」

「消極性、認真、樸素、消沉」這些並不一定都是不好的現象啊！不僅沒有為非作歹的兒女，父母也鮮少因貸款、外遇而造成家庭糾紛。不過，倒也少見野心勃勃的人才。

若在歐美，長男很容易變成一生孤獨的怪癖紳士。在歐美並沒有干涉兒女的戀愛或婚姻的習慣，完全自求多福。但是，在東方國家有一個堪稱美妙或滑稽的風俗，那就是「相親」，看見不拉一把恐怕無法結婚的年輕人，周遭者拼死幹活地想辦法撮合。

就連在此滔滔大論的筆者夫婦也是其中一對，當時如果沒有別人的撮合，不知情況會如何。說不定情況遠比目前幸福呢。

總之，撮合一段婚姻絕非「父母的責任」。

那乃是父母或周遭者的愛管閒事、興趣娛樂。有如動物專家為動物配偶時，帶著一股刺激與趣味感吧。世間有一些喜愛扮演月下老人或以牽紅線為興趣的人，雖然他們並無惡意，但這樣的作為嚴格地講不夠細膩，從壞處而言是不負責任的做法。

「那個和這個配在一起怎麼樣呢？說不定是有趣的組合呢。」如果不這麼設想，根本無法扮演月下老人的角色。最近甚至還有企業化經營（也許是相親這個風俗已漸趨普遍，尚有許多無法自己尋找對象的年輕人吧）。十組中有六或七組帶來幸福，剩餘的三或四組則是不幸的結果。其實戀愛結婚的結果也相差無幾。

您不妨四處向親戚、朋友抱怨兒子沒有婚姻運。鄰居、上司、寺廟或教會都是發牢騷的對象。如果仍然沒有結果，倒可取得當事者的許可，在經常夾雜於報章雜誌上的「結婚情報」名片上，填寫資料投函等待專業介紹所的撮合。

不過，不論是牽紅線的人或婚姻仲介機構，絕對不可相信他們一定能帶來「幸福」。婚姻有如「虎穴」，若不得虎穴焉得「虎子（家庭或子孫）」，但虎穴中也許住著一隻猛虎。

說到這裡，我倒想起我家的太座確實是虎年出生的吧。

37

女兒和男人胡搞

●洽談●

高一的女兒從中學開始對異性產生興趣，經常謊稱到補習班，而和男人騎機車兜風到深夜，或宣稱要和有婦之夫結婚，還有在卡拉OK坐在陌生男人膝蓋上的照片（我偸看到），與男人胡搞的行為愈演愈烈。甚至還擅自申請BB Call，利用電話和複數的男性來往。頂著金灰色的米粉頭，所交往的男性全是吸強力膠或行止不正的人。如何才能讓她不再和男人胡搞呢？

（大阪　嚴謹的母親）

診斷

雖然改不了卻還有救

那是非常奇妙的，不知什麼緣故，情況嚴重者的出現率約數十人中的一人。行止變得非常極端者，大約是數萬人中的一人，這樣的人在精神醫學上也會冠上一個病名或通稱為「妖精偏執狂」。令千金還不至於到達這樣的地步吧。這種人不一定出生在兒女成群的家庭，也不一定和父母中的某一方相似；無關家庭的教養或貧富，也非城市較多鄉下較少。總之，應該是我常提的「父母的好歹運」。

當然，在心理學上有各種不同的解釋。他們認為這可能是消遣寂寞的方式之一，亦或為了確認自己存在感的一種具有刺激的嘗試、父母或手足強制壓抑下的反彈、故意製造問題吸引父母注意的手段等等。總之，各家說法不一，專家及當事者紛紛主張令自己滿意的說明。但是，我個人則認為，這並不是當事者的關心或慾望的需求有異常，如果自己的意志力薄弱，或無法找到其他更高尚的樂趣，不安於室的孩子就會走偏了路。

這和習慣性竊盜癖或賭博一樣，數次嚐到滋味後就很難改正。

是否教育他們尊重生命、受孕的危險、愛滋的恐懼即能使他們收斂一點呢?其實，唯獨這些孩子不知是想像力貧乏或認為事不關己，總是改正不過來。某些地方還真頑固。

原則上胡作非為或走入歧途，長大成人後有八成矯枉過正，但性方面的問題和抽煙或夜遊同樣，與其說是「收斂」無寧已成公開化，反而不再被當做問題了。如此一來，當事者恐怕化成了灰也無法忘懷追求刺激吧。其實在老人病房裡也有目光炯炯地獵獲老太爺的老太婆呢！但是，也不全都是一無是處。

至少在婚姻這方面不會乏人問津吧，或許還能早日與愛孫相見，即使「三不五時」更換工作，也不會為此而感到氣餒，如果聰明的話慢慢磨練出鑑賞男性的眼光後，或許歪打正著地找到一個時薪極高的職業。凡事都有他好的一面。雖然安份守己的親族們恐怕會感到極大的困擾，但當事者倒是活得逍遙自在，因此，這一點實在愛莫能助。

38

搞笑候補生？

●洽談●

兩歲半的長女從兩歲之前開始，經常翻白眼扮鬼臉，碰到被別人說起自己覺得不妥的事情，就佯裝睡覺等，漸漸露出滑稽的一面。最近又喬裝訪客按大門的門鈴，或學爺爺對著佛堂默唸祈禱的樣子，滑稽的舉止層出不窮。照這樣下去，有點擔心日後恐怕會變成甘草人物的一員。是否可以任由她去呢？我的家還有四歲的長男及剛出生的次女。長男有時也會搞怪，但情形不像長女這麼嚴重。

（岡山市　煩惱的父親）

診斷

用讚賞、獎勵發揮其幽默感

說不定這乃是糊塗父母對孩子的自吹自擂呢！與其說是為此煩惱，毋寧潛伏著一份日後成為明星爸爸的夢想。但是，大大地歡迎這類洽談。因爲，接連聽讀者投函令人心煩氣躁的苦訴，怎麽也無法消除燠熱的暑氣。

總之，這應該算是一種天才少女吧。

日本的演歌劇明星美空雲雀、漫畫高手手塚冶蟲一定從二歲左右開始就異於常人。這已經是他們的命運，有的人生下來就是為了唱歌，也有人是為漫畫而誕生。當然，其中也有為了傷害他人而降臨世間，或者出生就是為了當一個說謊的天才。所以，舉止行為令周遭人覺得有趣而滑稽的令千金，應該是在幸運之星的眷顧下誕生的吧。或許將來有專門搞笑的製作群等候著這位明日之星……，而成為單打獨鬥的女星搞笑漫畫家也不無可能。

但是，其條件是「依現狀自然發展」。通常會「依現狀發展」，但在途中停止的情況也不無可能。上小學或到了青春期，有時舉止行動會突然變得正經八百，搖身一變為沒有滑稽感的人。但是，幼兒期的行為傾向通常有如料理中獨特的調味，潛伏於未來的人生中。因此，即使是平凡的主婦，有可能對丈夫、兒女（你的孫子呀！）發揮天生的滑稽，建立一個充滿笑聲的開朗家庭……有、有，極有可能。

很早以前我私底下就認為，所謂幽默感乃是一種仁德。而且，很難在長大成人之後學習。換言之，大部份是天生的。若要給予充分發揮，周遭必須有給予嘉獎、好評、鼓勵並感到欣喜的理解者。反之，若想遏止這個天份，只要大家對她不理不睬，這個才能也許在未開花結果就被埋沒了。

因此，我要建議的是「依現狀任由她去」，對於任何人看起來都覺得有趣的肢體表現，也請你坦然地發笑而喜悅。從兩歲的年齡看來，也許她並不只是單純地滑稽的小孩，恐怕所有智能方面都是出類拔萃的少女。

39

弟弟效法墮落的哥哥

●洽談●

二十一歲的長男高中畢業後，雖然依照他的志願到電腦專科學校就讀，但卻不上學，整天待在家裡玩弄電視遊樂器。我的丈夫曾經帶他到職業介紹所，後來到一家電腦相關的公司上班，不過，不久又擅自辭職。沒有朋友，只會逮住讀高中的弟弟，盡說些電動玩具的話題。而弟弟無形中也沉迷於電動玩具，無心於其他事物。和丈夫商量這件事，他則擺出與我無關的態度，認為缺乏向上心的人說什麼都無用。我的家庭已四分五裂，我希望小弟至少能像個人樣，因此，曾經想過我們兩個一起生活。您覺得呢？

（大阪府　F女士）

診斷

任何決定全憑自由，但自己的屁股要自己擦

首先，先說出我的答案。「表現事不關己的態度，認定不上進的人說什麼都沒用。」這就是我認為的正確答案。怎麼樣？不論是誰的老公都相差無幾吧。這也難怪，任何人只要在這個社會上混個二、三十年，都會有同樣的結論。

其實，這完全因為對方是自己的兒子，才會感到傷腦筋或想拉他一把。如果我們把他當做外人，而且是站在自己的公司或工作崗位上來考慮是否用這個人時，大半會認爲他是毫無

用處的墮落者。因此，站在父親的立場，自然明白「這種傢伙在社會上根本一無是處。相較之下，今年分配到我們工作崗位的新鮮人反而好太多了。」也許內心的可憐更甚於母親。只不過男人已經累積數十年割捨的訓練，因而能坦然地割捨。問題是墮落似乎有傳染性。成年人因人生的體驗而有了免疫力，但高中生很容易被感染。不過，即使沒有被哥哥的病毒傳染，墮落病或遊樂病在學校、地區、交友圈中都會滋長蔓延，因此，容易感染而沒有抵抗力的孩子，必會在某處沾染黴菌。換言之，與哥哥保持距離也無濟於事。

既然妳提到：「至少小弟能像個人樣」，可見妳對哥哥幾乎已經放棄了，既然已經放棄，應該思考一些活用法。方法是，利用哥哥這個活榜樣，當著弟弟的面教訓：「年紀一大把還整天沉迷於電玩，真不知以後會有什麼悽慘的下場？」若要塑造這樣的活榜樣，讓老大一直倚偎在父母的保護下可不妙。不，就連讓他待在家裡也算是服務過於週到了。而且，日後最好是全家一起去參觀他為了掙一口飯吃，圖一處落腳地，汗流浹背地向客人低聲下氣，為了賺取生活費的可憐樣。

如果看見這番情景，弟弟仍然表示願意跟從，也只能說他們是半斤八兩的兄弟罷了。而且，不論是為了將來出人頭地，或到國外旅遊、擁有一棟有庭院的住宅，只要是自己賣勞力賺錢，和我們一般人循規蹈矩的生活經營並無兩樣，縱然他是為了「在自宅盡情地打電玩」又有何關係呢？那麼，本日的育兒金言是，「做什麼都無所謂，但自己的屁股要自己擦」。

40 兒子是同性戀者

●洽談●

我所洽談的對象是，二十四歲的長男。從小我就覺得他和弟弟們相較起來，較缺乏男子氣慨。不過，最近我打掃他的房間時，看到好幾本同性戀者的雜誌。當天晚上，我和老公嚴厲地質問他，他才坦承是個同性戀者。這個打擊讓我每天過著以淚洗面的日子，我希望他能夠觀念一改回復正常，他卻說辦不到。老公認為只能接受他別無他法。難道不可利用心理療法來改變他嗎？我心裡一直害怕著，他將無法擁有家庭，也會被社會大衆投以異樣的眼光。

（神戶市　煩惱的母親）

診斷

同性戀本身並非異常

約在二十年左右之前，一般人以為同性戀似乎是一種精神障礙。甚至還有人舉其原因是幼兒體驗或母子關係扭曲等空想的假設，利用精神諮詢或心理療法治療的宣傳文句，還煞有其事地在坊間推廣。

就連最近，腦筋古朽的專家中，還有人相信這類無稽之談。請注意！

一九八〇年代之後，美國的精神醫學會定出了以下的方針，「唯有當事者覺得煩惱，渴望改變時，才把同性戀當成障礙」。換言之，已經不再把同性戀當做異常了。原因之一是，在這個時期的前後已經從科學的立場瞭解同性戀的原因，而且，同性戀者的人權漸受重視也有影響。

大多數的同性戀似乎是在胎兒期，腦中樞部的迴路形成有部份產生變化。尤其是男性同性戀中，衆所周知的是X染色體的遺傳子出現特徵，及妊娠中母親承受強大壓力等情況。原本男性腦的形成，是在胎兒期藉由男性荷爾蒙的衝擊把應該變成女性腦的部份扭轉而成。如果扭轉不充分，則變成略帶女性化的腦。

不論東、西洋，大約估計約有四%的男性是這種情況。

而這種情況並不會造成太大的問題。甚至還有許多具有纖細感性及富有藝術品味的人。只不過周遭的生活面上可能有些不自由。

因為，整體的社會及制度乃是針對異性戀者架構的。

心理療法可以將為自己是同性戀者而煩惱的人，改變成接受自己是同性戀者。只是這樣而已。有些流派則可以幫助因家人中有人是同性戀而感到煩惱的人，使其改變為接受家人中有人是同性戀的人。換言之，全體家人都可以變成和妳老公一樣的心態。

其實這和左撇子或身體障礙者感到羞恥或被疏離是毫無道理的情形一樣，並不是誰的罪過，自然也沒有道理讓不會造成別人麻煩的同性戀者受到煎熬。

41 離不開兒女的母親

●洽談●

我是二十歲的學生。我該怎麼和離不開孩子的母親相處呢？母親觀念老舊，屬於為了兒女縱然犧牲自己也是理所當然的類型。從前這種態度還不成問題，但我已年過二十，母親凡事還要我順著她。我想只要不管她，母親總有一天會醒悟，因而儘量和母親保持距離，但她卻藉機找碴、抱怨我的態度傲慢無禮或對我的市儈氣覺得噁心，甚至揚言討厭我這樣的孩子。難道沒有一個儘早讓母親理解，兒女也是具有人格的一個個體的好方法？

（東京都　A小姐）

診斷

替母親介紹取代兒女的生存意義

唉，妳算是個不孝女啊！

最近的孝子們，對於父母的干涉或過保護全盤接收，隨時以「恭敬不如從命」的順從接受父母的金錢，舉凡衣食住到灑掃、洗滌完全委賴父母的照料，芝麻蒜皮小事也找父母商量，一起出外購物，帳單再交給父母，利用這些作為保障父母的生存意義。

對於生活在「觀念老朽、為了兒女寧願犧牲自己」的母親而言，獨立自主而「染上市儈氣」的女兒，一定是大大威脅著父母的生存意義或存在價值的危險份子。換言之，在孝親方面，妳是成長得過於健全了。

父母，尤其是照顧兒女無微不至的母親，即使兒女已經年過二十甚至三十而立，仍然「喜歡依自己的主見行事」。從某個觀點而言，母親因為害怕兒女長大獨立後，再也無法依自己的想法行事，而且，擔心自己成為一無是處的人，這種病理現象稱為「**希望孩子永遠是孩子症候群**」。當然，這只不過是母親心理上的自我意識。但是，請妳也要覺悟，能夠在標榜「為了兒女」這種乍看似利他性、奉獻性的外在看板的自我意識畢業的母親，反而佔居少數。也許在她們死之前，也無法徹悟「兒女也是具有人格的個體存在的事實」。

啊，悲哀！善意的人是最不會反省的生物。

不過，比起被父母嫌惡的兒女，被兒女嫌惡的父母反而是可喜的。因為，這表示年輕的下一個世代較優秀。這正是所謂的進步及進化吧。

我認為「不理她總有一天會醒悟」的做法是正確的。不過，由於妳還年輕，以為「總有一天」只是幾個月的時間，恐怕是大錯特錯。因為，這是關係著母親的生存意義，也許她一直無法割捨，恐怕花費數年甚至數十年。說不定在此之前，妳儘量想辦法為母親介紹或準備一些取代兒女的生存意義，反而是最佳之策。

而且，這才是妳辦得到且最後的最大孝行了。

42 自我為主的父親令人疲憊不已

●洽談●

父親也許是家裡的么兒且與兄弟姊妹的年歲差距大，個性非常稚氣，凡事以自我為主，總希望有人在旁吹捧奉承。因為如此，不知帶給家人多少麻煩。我在青春期曾出現不潔恐懼症及強迫觀念，利用心理測驗得知父親是原因所在。但是，我的父親多年來擔任鎮內協調會的會長，外在極為體面，鄰近的太太們都對母親投以冷淡的眼光。我和妹妹都感到疲憊不堪，母親也有離婚的覺悟，我們正思忖著該如何向口齒伶俐而又自以為是的父親開口。

（和歌山　煩惱的女兒）

診斷　如何達成協議離婚

所謂清官難斷家務事，在電視節目上搞笑的藝人，回到家裡卻擺著一副令人難以親近的樸克牌臉；在外威風凜凜的董事長，回到家裡卻唯太座是聽，任何人多多少少都帶著一副假面具經營自己的社會生活。人類學者稱此為「**對外的人格**」。

這表示人在家庭內會暴露真面目，有句俗話說「馬要騎騎看、人要跟看看」，它也許是表示不論善惡優劣，若要瞭解本性，唯有在一起生活才能瞭解。因此，精神醫學會臨床心理學在實行上無法硬性規定每個對象都住在一起。所以，只好利用心理測驗或精神分析甚至注射招供劑，為的是要看清人的真面目。

人的本質是好或壞，根據配偶及過半數的兒女是否贊同該人物即可大致決定。即使有些頑固或靠不住，但只要還有一些優點，有血緣關係的親人都會心懷好意接納他。但是，妳的父親卻是被全家人群起反抗，也許確有相當令人爭議的性格。

首先，妳不可奢望取得妳的先生或表面調停者的理解。因為，那些人看到的只是妳父親的「對外人格」。妳無論如何也要暴露真實，揭露父親的假面具，應該事前暗中用錄音帶把家裡的情景錄下來。不過，妳的言行舉止絕對不可異於常態。因為，必會立即露出馬腳。同時，妳將發現擁有裡外兩張臉的並不只有父親而已。這些記錄雖然無法成為法律上的證據，但至少可以讓第三者發覺「對外人格」以外的側面。那麼，經過這些暗中的運作後，請妳們母女三人緊密地擬定離婚後的生活計劃。千萬不要期待父親名下的動產、不動產，也不可掛意周遭者對妳們的議論與指責。換言之，最重要的是必須在物質與精神上下定覺悟。而戶籍上的問題乃在其次，總之，拼命爭取到分居的狀態才能掌握勝算。

能利用彼此的溝通而達成協議離婚，是最無牽掛的結果。但是，若無法滿足以下的條件，恐怕難以達成。條件是，對父親而言，分居也有某種利益，而且，因同在一個屋簷下或持續婚姻，會造成父親的不愉快。利己主義的人，唯有這樣的情況會立即蓋下離婚的印章。

43

工作投入的父親有外遇

●洽談●

父親（五十六）一直以來工作至上，深獲周遭的信賴。從小就聽母親一再地告誡我：「要找一個和妳父親一樣的對象。」我（三十）也結婚了，父親在兒女各自成家立業後，開始上卡拉ＯＫ，前幾天，我偶然看見父親載著一名女人，總覺得不安而尾隨在後，結果讓我撞見外遇的現場。我無法告知對於以往不注重自己的父親開始打扮、有自己興趣而欣喜不已的母親。但是，我也沒有勇氣質問父親。

（奈良縣　希望匿名）

診斷

不要打擾初老期的掙扎

對母親及當事者的父親，都沒有需要表白。

所謂的真實，並非永遠帶給人們幸福。

日本作家石川達三曾有個命名是「四十八歲的抵抗」。無論男女，一旦進入初老期，自然會發生一種獨特的焦躁。因為，走過人生的顛峰期之後，漸漸也看到晚景。這時，「晚景」意味著年老或死亡。眼前橫擺著這樣的結局，任何人都會產生掙扎。

也許正因為您的父親是位理想的男人，才會等到兒女全部成家立業之後，才能安心地開始掙扎。如果是不負責任的父親，也許早就開始掙扎了（我應該什麼時候開始呢？）

站在身為兒女的妳的立場，我想是大受打擊。不過，其實父母只是站在兒女的立場所看到的角色，撇去這一層關係，彼此都是一般的人，以妳目前的年齡看來，也許難以取得共鳴，不過，一旦到達與對方相近的年齡，我想自然會明白他的心情。對某人下判斷時，有些時候不站在對方的年齡層、立場來判斷是無法瞭解的。

我覺得非常了不起的是，妳的父親完全地矇住了太太——也就是妳的母親。這是一種慈悲。這個社會上有太多沒神經的男人，隨即露出馬腳而讓長年來形影相隨的妻子跌入不幸的深淵。因此，如妳的丈夫是「像父親的人」，將來一定可以機伶地欺瞞著妳，永遠不會擊毀妳幸福的夢想。

不，即使如此也是背叛，無法允許！如果妳執意做此主張，不如這麼辦吧。妳可以向父親發出一封警告的信函，用匿名，而且儘可能用打字機以矇混筆跡。「某日，目擊不可告人的現場。如今，正思考著是否要勒索你。不過，我也害怕因恐嚇罪惹上牢獄之災，但是，身為一名善良的市民，不顧你對家人的背叛行為也令我不安。因此，這次就饒了你，今後如果仍然以偽善者的容貌持續外遇，將有一記鐵鎚侍候。怪人七面鳥。」——諸如這般的筆調。如何呢？是否感到一點刺激感呢？

44 恨透了嘮叨頹廢的父親

●洽談●

父親（五十）令我厭煩不已。從前就愛喝酒、抽煙，數年前公司倒閉後，生活所需完全倚賴母親的收入，平時照顧盆栽或看錄影帶，晚上喝了酒就開始嘮叨不停地抱怨。母親（五十）、我（二十八）、弟（二十三）都在工作。父親一喝酒就開始說教、又容易生氣，家裡每個人都快受不了了。如果我們揚言乾脆我們都離家出走，父親就反唇相譏，霸道地指稱住宅及錢財都是他的，如果母親離家出走是她的損失。我的母親處處留意父親的一切而日漸消瘦。再這樣下去，每個人恐怕都會生病。（大阪市　希望匿名）

診斷　不妨由妳開始依序離家出走

的確是個令人厭煩的父親啊！不過，不幸中的大幸是，外在的舉止（外在面具）及對他人的應對還算好，不喝酒的時候似乎挺正常的。也許是步入初老期的坡道，不幸碰到公司倒閉的緣故吧。倒閉和父親之間的投緣性似乎不好。

不過，一個人的真面目是看內在而非外在，喝酒時比不喝酒時更容易暴露出來，所以，尊父的本性也許是「愛發牢騷」又任性吧。既然如此，並不容易矯正。

所幸膝下二名兒女已長大成人並有工作，不如由妳開始依序離開這個家庭？找個對象結婚也好，或租一間套房或公寓過單身生活。

當然，這種情況下會因額外的房租、生計而有多餘的支出。但是，我卻認為老大不小的人而一直緊跟在父母身邊，持續獨身貴族的生活也不妥吧。也許妳和弟弟為了補償與父母同住所獲得的生活利益，不得不忍受父親帶來的不愉快。這樣的情況若令你們厭倦，我認為正確的做法是，一個個離開家獨立生活。

「大家一起離開家庭」在經濟上自然有損失。如果這一點令人可惜，就必須由「大家」一起忍耐父親帶來的某些不愉快（令堂似乎採取這個方針）。忍耐若造成你們壓力，也許誠如妳所說「這樣下去大家都可能生病」。

無論如何，結果是在選擇經濟或健康的抉擇上。

本欄的投訴經常可見「那個也討厭、這個也不喜歡」，有無帶來全方位好處的妙案？這類信函蜂擁而至，但無非是拼命強求不可能獲得之物的心態。如果我具有超能力，足以一再地湧現解決各種疑難雜症的妙案，我才不幹與毫無前途的公務員相差無幾的醫生呢。

總之，令尊堅持「房子及金錢都是我的」，如果無法割捨這一點，令人厭煩的老爹將成為附屬品永遠跟隨在一起。

或者乾脆狠狠地丟下一句：「是啊！房子、錢財都是你的。你就好好的珍藏守著，直到孤寡而死也要把它溫暖著！」然後一個個開始解散，這也許是賢明之策。如果一個人生活覺得寂寞，倒可以姊弟兩人共同生活，然後為母親準備一處安身之地，這也是個方法。最後剩下的是，讓母親衡量「房子與錢財」及「健康」孰重，做出結論來。

第四章

有關年老的煩惱

45

老後對丈夫疲於應付

●洽談●

結婚已歷經四十四個年頭，夫婦二人都已七十多歲。丈夫的腦筋死硬，幾乎像個怪人，但本質卻是個大好人。平常在我的面前耀武揚威，在別人面前卻是什麼話也不敢說的膽小鬼。借人家的錢不知已被倒債數百萬。從事自營業，雇用數名員工，但經營不善，依此情況下去，總有一天會撐不下。每次找兒女商量，他們總是說父親的個性怎麼說也改不了，只有母親的心態要改變。我陷入嚴重的憂鬱狀態，內心的不安使我夜不成眠，體重也減至三十三公斤以下，體力不支而搖搖晃晃。（神奈川縣　希望匿名）

診斷　妳必須改變

不論向兒女商量或找我洽詢，正確的答案都是一樣的。換言之，「母親再怎麼說也不改變，只有希望父親能改變心態」。啊！說錯了。應該是「父親再怎麼說也不會改變，只有母親的心態改變」。其實那一種說法都差不多嘛！

如果您很難「改變心態」，和妳的丈夫「怎麼說也無法改變」是一樣的。人一旦邁入古稀之年，性格舉止是無法做一百八十度的轉變。而且，和「雖然腦筋死板得像個怪人，卻是天生的大好人」，比較起來，反而是「陷入嚴重的憂鬱狀態，內心不安而夜不成眠，體重減輕至三十三公斤以下，體力不支搖搖晃晃」的情形較嚴重。必須改變的是妳才對。也許妳認為，只要老公改變，自己自然也可以改變，但這種想法是不對的。因為，必須以程度而言，較需要改變的是妳。因此，應該由妳做改變。至於老公的問題，就暫且擺一邊吧。

所幸，妳的丈夫是單純的性格問題（所以，屬於一輩子的症狀，當事者已習慣了數十年，根本無所謂），而妳則是脈絡可循的症狀，或許還可以找到治療的醫師。奉勸您更換曾經在某處就診，病情卻一直沒有好轉的醫師。

許多書本上經常寫道：「請信賴主治醫師，不要挑三揀四，另求高明。」越是老實的人越相信這樣的說法。什麼嘛！患者有選擇醫療機關的權利，剛開始可以抱持著彷彿在百貨公司的食品賣場到處試吃的心態。但每個醫師對藥物的偏好不同，有時可能因為更換醫療機關，而病情大幅地好轉。找到一位與自己搭配得宜的醫師，將是人生後半段的重要課題之一。

如果為了顧及體面或擔心，未曾在任何醫療機構就診，我倒認為首先不妨前往高掛心療內科或神經內科等看板的診療所。

憂鬱症這種情況，至少不一定要找精神科或神經科。精神醫院是專門機構，也許能確實治癒疾病，但是，一腳踏出醫院大門卻不期然地與熟識相遇，恐怕為了這件事牽腸掛肚而使病情越搞越糟。在這一方面，我國還屬於後進國家呢！

46 有氣無力的丈夫令人害怕

●洽談●

丈夫(六十九)屆齡退休後，靠著養老金生活。每天看報、看電視，一個人玩象棋。一個月的外出時間，頂多是到老人服務中心沐浴。要不然就是到醫院檢查，吃藥過日子。丈夫天生是個缺乏向上心的人，年紀一大後，這種傾向越來越顯著。對於他那種有氣無力、毫無感動、漠不關心的態度，甚至感到憤怒。但是，當事者卻是馬耳東風，而我也幾乎不抱希望。我每天生活在老人痴呆與藥物副作用的恐懼中。如何和這樣的丈夫相處，才能度過安穩老後呢？

(外縣市　主婦)

診斷

痴呆後補的丈夫可預防妳的老化

我想妳的丈夫很容易變成痴呆症。不過，會看報紙總比不看電視、報紙來得好，即使一個人玩象棋，只要樂在其中，多少也會延緩腦機能的崩壞。整理身邊的細微小事或掃除、洗衣、煮飯，手指的作業等，都可以暫且遲緩痴呆的來臨。

如果開拓人際關係，必會留意與人相處的各種狀況，腦筋自然會有全方位的運轉，對痴呆的預防更具效果。或全心投入學問、創作、藝術的領域，內臟的壽命更優越於腦。不過，對於「天生缺乏向上心的人」而言，恐怕希望渺茫吧。

至於妳所問及的最佳方法，我想應該是讓他獨立生活。打從棉被的鋪放收拾到購物、自炊、養老金及家計的精打細算，任何一項都必須活用身心，即使覺得相當麻煩，只要沒有人為其照料，必須自己親手處理。非但不是逍遙自在的隱居者，更是「不幸的孤獨老人」。想過著逍遙自在的隱居生活而不痴呆，唯獨氣力、感動、關心勝過一般人的老年人。

換言之，在這個族群以外而不活潑的老人，生活過於安適，腦筋會立即走下坡。同樣地，不運用腦筋與肌肉，一定容易萎縮。這表示人一旦經過少壯之年，過著過於安逸而無為的生活，對腦筋不太好。相反地，被生活家計壓得喘不過氣的老人，每天雖然過得戰戰兢兢，相對地較難以痴呆。這正是人生的諷刺啊！從年輕時期開始，歷經千辛萬苦拼命地幹活，無形中夢想著老後的安樂生活，一旦真的搖身一變為沒有任何煩惱的隱居之身，卻立即變成老人痴呆症，這彷彿落入圈套被人詐欺一般。暗地思量，政府也許為了抑止因應今後老人社會來臨，造成老人年金預算的過度膨脹，正盤算著支付大筆老人年金讓老人安心，加速老人們身心老化呢！既然如此，妳自己本身也不要痴心妄想「平穩的老後」。也許妳是非常穩健的人，大概沒問題，但是，人一過了六十歲，「清靜的洗澡水」和「平穩」都是毒害啊！不，應該說是身邊有一個慵懶無力的老公而精神抖擻的每天，預防了妳的老化。

結論是，妳那位痴呆候補的老公，預防妳本身的老化。請感謝他！

47 如何面對痴呆的父親

●洽談●

千思萬想之後，我決定找您洽談。父親（八十一）因腦梗塞臥倒已經十個月。以往輾轉住在綜合醫院、弟弟家、老人保健設施，母親（七十六）一直跟隨在身邊照料。但是，痴呆之外還有嚴重的在外遊蕩的現象，目前已搞不清楚家人的姓名，我們讓他住在老人醫院。雖然住院已一個多月，院方為了避免他走失而綁在床上。父親的症狀比以前大為好轉，母親希望讓他退院。但是，這麼一來還是由母親一個人照料，一想到如果又出現在外遊蕩的現象，我們實在不敢妄下決定。

（姬路市　煩惱的女兒）

診斷

在能夠坦然認定父親是「別人」之前，一起生活吧

其實，本欄無需「千思萬想」後斷然的心情，即使用「輕鬆愉快」的心情洽談也無妨。不過，從內容看來，這是相當深刻的問題。總覺得本欄每次幾乎變成「痛苦煩惱的洽談室」，令我不禁欣羨某家報社不已。

言歸正傳。痴呆是莫可奈何的事，接著就為各位坦白地介紹有關老年人痴呆的問題。

首先，這個問題不論年輕世代或痴呆候補的年長者認同與否，屬於必會招來埋怨、牢騷

的主題。換言之，不論寫些什麼，一定會有抗議的石頭相向。

譬如，如果寫著：「顧念以往養育之恩，請珍重以待。」必獲得老一輩們的熱烈喝采，但年輕的一代則個個舉旗抗議：「胡說些什麼！一點也不體恤我們的辛苦。」相反地，如果寫著：「這倒挺麻煩的，不如讓老人設施或醫院來處理。」年輕的一輩自然大為慶幸而表示歡迎，但是，隨即必會接到平日沉默寡言的老爺爺、老太婆們的斥責電話。

其實，這也不是我家那位老太婆的問題，所以，筆者也沒有道理去擔負老少咸宜的義務。老實說，那個方式都無所謂。

我聽說多數的年老者在出現痴呆症之前，內心都期許著：「儘可能不要拖累兒女，最好是一命嗚呼。」不過，一旦出現痴呆現象，已不再顧慮周遭者，因此，無所忌憚地到處遊蕩或尿失禁，而且，從無反省的跡象。所以，恐怕有駭人聽聞之嫌，但我認為不妨把它當做整個人變了的情況。換言之，已經是另外一個人了。不過，由於外觀一模一樣，妳的母親基於長年結伴而行的情誼，無法狠心斷定他是別人。如此一來，在母親認同父親「似是而非」時，也許只能一起在同一個屋簷下生活。

夫婦之間的情誼，遠比兒女所想像的深厚，如果以往的情誼非常深厚，即使彷彿「遊蕩的遺影」也願意長相左右。不過，這倒是令人感動的夫婦之愛。如果方便的話，可否分贈令堂的指甲灰到拙宅。我很想把它煎熬後悄悄地讓內人飲用。

48 染患疑難雜症的妻子

●洽談●

內人數年前腰骨彎曲，動作變得遲鈍。原本以為是憂鬱症而接受治療，但日後出現猛烈的顫抖，最後才明白是疑難雜症。剛開始的症狀輕微，只做往診治療，但體力漸漸衰弱，又出現幻覺症狀而入院。一段時間後症狀恢復穩定，目前過著往診生活。但是，食慾不振，昏倒次數越來越多，變成寸步無法離開的狀態。兩個兒子都已獨立在外居住。我是某設施的司機，一週兩次請看護到家裡來，但我的能力已到了界限。目前的醫院說很難再度入院。

（大阪市　煩惱的丈夫）

診斷

二人都倒地則血本無歸

當我看你信上寫著，剛開始以為是憂鬱症，日後卻出現顫抖的疑難雜症，直覺地猜想這是巴金氏症，而你原先的信函上也說明是這個診斷病歷，離開醫療現場許久的筆者，發覺自己還算是個有兩三下子的醫師，頗為得意。當然，站在你們家人的立場，我這個外人根本不瞭解當事者的辛苦，醫術高不高明根本毫無關係吧。

醫學書上寫著，巴金氏症的原因已經理出頭緒，還找到治療藥。事實雖是如此，「可以治療」和完全治癒而回復原狀是兩回事。主要症狀是，由於腦中心的某部份機能衰退，產生身軀往前彎、走路搖搖擺擺、手指顫抖而漸漸失去活力的慢性病。治療上一般是使用DOPA的藥品，但它有時容易引起精神症狀，因而只能倚賴醫師的酌量配藥。

當然，因治療方式的不同，症狀可能好轉或延緩蔓延，不過，以長久的眼光看來，漸漸變得不自由，也會出現神經症的症狀。聽起來似乎有些冷漠，但我覺得必須有所覺悟。

一般的大醫院，不喜歡讓患者數次再度住院。可能預約也佔線，還必須調換床位，而且，數次入退院後，無異明白地向雙方表示尚未完全治癒，這一點也令院方為難吧。因此，我認為最聰明的做法是轉到院方所介紹的關連醫院。如果是非常奇特的疾病則另當別論，但巴金氏症是任何神經科或內科醫師所熟知的疾病。因此，不必擔心轉移其它醫療機構會減低治療的水準。同時，有些醫院不同於大學醫院或國立醫院，較接近於醫療設施，多半可以長期住院。這倒頗有幫助。

假設那個醫療設施是有特別看護的老人院或精神醫院，為此覺得自責或感到可憐的心態反而有點奇怪。因為，對當事者而言並沒有太大的負面影響，對家人而言，可以挽救一起病倒而血本無歸的危機。

在援助疑難雜症中，最重要的是拯救家人，尤其是配偶。

49

一無所有的老後

●洽談●

我的母親今年七十二歲。有一點氣喘，但內臟及血液檢查並無異常。不過，坐、臥都不舒服，一整天痛苦地躺著呻吟。視力模糊、頭痛、手腳痲痺，聽說心臟經常悸動不已。母親和姊姊一家人住在一起，白天大家都外出，整天孤家寡人一個。住在離姊姊家一個鐘頭步程的我，每次接到母親訴苦的電話，儘可能前往照料。但是，既無興趣也無朋友，附近也沒有老人會，無法為孤苦的母親做些什麼。

（大阪市　希望匿名）

診斷

替母親找消遣解悶的事物

「既無興趣也無朋友，又無老人會」這麼個一連串的無，身為家人的確「無法為她做些什麼」。既然「內臟及血液檢查都無異常」，今後恐怕健朗還很耐用，但其間一直聽母親臥病呻吟，實在令人受不了——。站在姊姊一家人立場而言，「白天大家都外出」也是不無道理、不無道理啊！

首先，試著替母親找幾個她可能感興趣的事物。如果每一個都無法引起她的興趣，必須找其他的項目並擴大範圍。譬如，如果是國劇，不妨從平劇改成粵劇，若是手工雕金，則嘗試做乾燥花，文化中心的瑜伽教室到做詩填詞；有點賭博性質者如：下注賽輪、賽艇。總之，備齊當今所有的娛樂節目。如果每一項都不行，也許令堂只是一再地希望兒孫理睬她而已。果真如此，這倒是沒完沒了。因為，不論做何建議，一定不行。

老人中偶而也有這樣的人。

一般而言，人到達某個年齡後，漸漸需要讓自己感到慰藉的事物，而自己無法發現這些事物時，往往會製造一些讓周遭者感到棘手的問題，藉以彌補空虛的時間。其中甚至有人自己惹出疾病，在各地醫院巡迴打轉。彷彿到各地名勝古跡瀏覽觀光一般。

為此，必須染患一個像樣的疾病，所幸人一過六十歲，只要集中注意力在自己的體內，必會發現某些身體的不適。尤其是神經質而小心的人，會把小事化大，因而變成十足的「疾病」。若是這種類型的人，周遭者只能順水推舟，把她重病患看待。

如果您覺得情況並非如此，也許身體確實有不適的地方。這時，徹底讓她實行吃糙米飯、喝截菜茶等，力行簡單的食療養生也是方法之一。因為，一般人聽說症狀好轉之後即可恢復平常的飲食生活，會認真地治療而痊癒。

50 想和養子斷絕關係

●洽談●

七十七歲。三年前半身不遂，住進特別看護老人院。長年住在公司賣命幹活而搭建的自宅，住著二十六年前收為養子的年輕夫婦和兩名孫子。我希望在我有生之年，能夠解除和這名養子的親子關係。在我漸趨老邁時，他們竟然趕我出去，而我說這裡是我的家時，還死皮賴臉地說，如果要趕他們出去就拿出足以購買一棟房子的錢來！偶而從老人院回到家裡，又被趕出門：「這裡沒有你住的地方！」這就是世間所謂的「親生子也做不出來」的養子的真面目。

（大阪市　希望匿名）

診斷

有生之年把全部財產花光

您說希望在有生之年解除養子關係，以技術而言，在您有生之年必須向家庭裁判所尋求調庭或找民事律師商量。但是，這是法律或道義上的必要程序，以現實而言，年紀大的人到處求援並興起訴訟，我覺得是相當辛苦的。不妨打電話到公立機關的法律洽談所，請教一下有何方法。不過，恐怕被人嫌囉嗦。

而且，對方一定演技精湛，有一副適合社會大眾的面具，因此，妳的控訴是否能取信他人也令人擔心。總之，妳所面對的是一個與之為敵恐遭受惡果的心狠手辣的角色。若是一般的電視連續劇，肯定有人為伸張正義而站在你這一邊，但這樣的情節每週都出現在電視畫面上，所謂的包青天卻永遠不會來到我們好城鎮裡。

根據妳的信函，養子夫婦事實上是姪女夫婦，這表示妳們之間有血緣關係，阿姨、姪女的姻親關係，就連包青天恐怕也難斷家務事。如果您還可以保持阿姨、姪女的關係，但一定要斷絕親子關係的話，這是程度的問題。姪女還好，但她的丈夫令人生氣，這種情形也經常發生在親生兒子身上，總之，下一個世代是會改變的。我經常告訴身為父母者：「兒女是他人的開始」，當兒女年紀尚小時，父母似乎很難察覺這個事實。

如果養子令妳憤怒，而不願意讓他繼承遺產，不妨在妳有生之年把一切的財產花費殆盡？如果妳手上保管著各種證明書、權利書及印章，可以用它們做為擔保換成一大筆現金。換成現金後用錢如用水，或站在百貨公司的頂樓像散財童子般地撒錢，而更正點的做法是，擬一份正式的遺言，把所有財產捐獻給福祉團體。

這不正是釜底抽薪，令人爽快嗎！

但是，開始有這類動作時，對方必定誇稱妳的精神有問題，找出各種理由向法院提出禁止治產宣告。妳該如何面對這樣的情況？不論如何，沒有一個法定代理人，而獨立奮戰，我覺得是相當困難的。

總之，爾虞我詐各顯神通之時，恐怕也是一種生存意義吧。不過，不論何者獲勝，在妳死後都是一樣的。

第五章

傷腦筋的兄弟、親戚們

51 無法自立的弟弟

●洽談●

弟（二十六）兩年前因壓力過大而搞壞身體，此後沒有固定職業，一直待在家裡。父親已經退休，母親正再住院，家裡情況正窘迫時，還向父母索求零用錢，並揚言不照顧父母，如果被指責沒有工作，隨即暴力相向。長女的我和妹妹都已在外成家立業，但我們實在看不下去，決定讓弟弟暫住在妹妹家裡。滿口謊言，還說自己也搞不懂自己在說什麼。身為家裡的么子、長男的弟弟，可能是從小被嬌縱慣了，而我們也不知如何是好，只能做個旁觀者。

（大阪　希望匿名）

診斷

三十六計走為上策

原則上，除非當事者感到煩惱而請求「想點辦法」，否則即使是專家也只能「束手無策做壁上觀」。換言之，當事者若不引以為苦也莫可奈何，縱然周遭者倍受困擾，只要不至於造成犯罪的程度，連警察也不能插手，更遑論心理諮詢或精神科醫師，根本束手無策。

因此，給目前大傷腦筋的妳及周遭者一個建議，就是三十六計中最上之策，換言之，只有儘可能不理睬他，疏遠彼此的關係，正是「三十六計走為上策」也。也許妳還多少留著「

再怎麼說我們都是一家人」的情誼，但同是一家人，也有忍耐的限度。許多糾紛不斷的家人問題，似乎都是周遭者耐性過足或一再忍耐的人努力不懈支撐的結果。換言之，只要有那些無怨無悔照料肇事者的家人，糾紛越是持續不斷。解決的模式似乎是先有一人不再插手管事，接著再有一個人對肇事者心生厭倦，然後只剩下肇事者孤家寡人一個。只要不再有受害者，等於解決問題。

事實上，性格有問題的中年人，通常被自家人或有姻親關係的多數親族避之唯恐不及，斷絕親戚之間的往來。

「長男」這個封號，已經今非昔比。在二次大戰前，只要冠上長男的稱呼，幾乎在飯桌上會比其他兄弟多一道菜餚。同時，獨佔性地繼承財產或本家的權威。但是，到了二次大戰後，這些特權漸漸消失，也不再有以往被賦予的重大責任。這也是理所當然吧，如果權限已被剝奪，卻唯獨留下責任也未免太奇怪了。

因此，最近有多數的年輕夫婦，不再希求生育男孩。男孩原本就不好教養，到了青春反叛期又令人倍感棘手，而且，在家裡既無幫助又耀武揚威，既然要養孩子，不如養女孩。由於時代的演變，不再因為長男的稱呼而必須照顧祖宗八代，或奢望繼承家聲、維護清譽。更何況身為家中么兒又被嬌寵慣的人，報應落在妳父母的身上也莫可奈何。所以，我倒很想說，妳和妹妹早一點嫁出去太好了，不過，也許不久會接到妳妹妹一家人向本欄的投訴。

52 不結婚的妹妹是大負擔

●洽談●

請聽非常不幸的男人的告白。我有一個三十一歲的妹妹。簡言之，是個不長進的女孩。以前在公司上班，經常告假，最近這兩年無所事事，結果原本略胖的身材已經超過一百公斤。但是，母親遊說她相親，卻表現眼高手低的態度，在我看來，今後恐怕也沒有好姻緣。一想到如此下去必須照顧結不了婚的妹妹時，感覺眼前一片黑暗。難道沒有什麼好辦法？

（東大阪市　煩惱的哥哥）

診斷　當一個不負責的男人或變成日本的高倉健

「非常不幸」似乎是你的妹妹。不過，這原本是自作孽不可活。因為，世間半數以上的不幸，都是自己撒下的惡果。而身為兄長的你所謂的不幸，乃源自自己的認定：「妹妹若沒有歸宿，自己不能結婚。」當然，找一個願意嫁到有難以相處的小姑家庭當媳婦的女性確實難為，但是，目前不正流行夫婦兩人自築愛巢嗎？

如果你認為辦不到，你一定是陷入「自己有照顧和自己同住的親兄妹的義務」的窠臼，這完全是把自己的手腳綁死的自我認定。當然，這是一種道德也是人倫之常，還是社會一般人贊許的善良長男的義務吧。

若是如此，你是想對自己及對外證明「自己是具有責任感的了不起長男」，但另一方面，你必須背負一百公斤以上的重擔及家庭，孑然一身地走向「眼前一片漆黑」的人生。在這樣的進退維谷、三面夾板、糾葛之中，持續扮演著非常不幸的男人角色。如果令妹心機一轉，找到適當男人而跟隨他去，這樣偶然的幸運另當別論，否則只有以下三個解決法。

其一、放棄責任，過自己的生活，從地獄掙脫而出的利己戰略。

其二、為道德捐軀而埋沒自己，背負一家重擔的無私奉公戰略。

其三、兩者都無法割捨，一直持續煩惱的糾葛路線。

其中，以筆者的嗜好而言，第三者是最壞的解決法。

如果是男人（其實女人也行）應該斷然地從二擇一。其一是，不論社會怎麼批評，順應人之常情，斷然地「割捨自己的領域、離開故鄉」奔向未來可愛妻兒的懷抱。其二是，為了堅守義理，貫徹捨身爲家人的覺悟。

如果你是現代青年，前者較適合，若是古代武俠電影迷，後者也挺帥氣。離開家擁有自己的家庭，也可以間接地給生長的家各方的援助。相反地，縱然為了貫徹義理而留在生長的家，說不定也有像日本明星高倉健或鶴田浩二影迷的女性，對你表示好感。

53 妹妹接受有婦之夫的支援

●洽談●

自己雖莫可奈何，卻非常擔心妹妹的生活，因此，只好拿起筆來請求第三者的意見。最近七年左右，妹妹的生活所需全倚賴某有婦之夫的援助。有一段時間，因為妹妹這樣不正常的關係而斷絕與妹妹的交往。不過，結果還是互通往來。妹妹自身也年華老去，說會慎重考慮。但是，實際上並沒有找尋自立生存之道，似乎甘於現狀。未來要怎麼辦？可否任由她去？想請求您的意見。

（大阪・枚方市　M女士）

診斷

為其確保收入之源

如果對方是毫不相干的女人，倒可以用一句「婚外情的伙伴、有如幹小偷的貓」來解決。但是，如果是自己的近親，這樣的話也說不出口。反而希望對方斷絕這種不正常關係，「走上正當的坦道」此乃人之常情。

就在最近，漸漸有人對於婚外情對象的老後將如何處置，有沒有繼承權、差別待遇等等，成為人們討論的問題。在這一方面，古時候有一個暗默的法則，如日後擁有房子、取得資金開一家小料理店或正妻死後生格為後室。但這種封建的習慣漸漸崩潰後，雖然較接近男女平等，不過，男人的價值也相對地降低，被供養在外的女人也失去特權。

換言之，既是主體性的婚外交涉，乃是基於雙方同意的前題下而締結的「成人關係」，極端而言，乃當事者二人的任性作為。每次幽會即已完成Give and take的關係，事後並無任何的保證。

即使積極收集二人關係存續的證據，日後帶往法院舉證，對方既非故馬克恩或史特龍、泰森，根本無法變成老後的籌碼。

所以，我所建議的方法是，外遇對象這一點，把它當做是一種興趣而不要搬上抬面。總之，為妹妹確保一個收入之源。當然，這完全看當事者的意願與否。不妨為她介紹幾個可能從事的職業或實際的工作。

如果對方不感興趣，則表示她根本不考慮未來的事情，純屬「莫斯特拉達姆斯症候群（Nostradamus）——寄望在一九九九年人類會滅亡的現世主義」若是如此只有任由她去。這時，雖然有些冷酷無情，我倒認為應該克制彼此的親戚往來。因為，蟋蟀到了冬天必會想起螞蟻。

如果經濟上可以自立後，婚外情的行蹤倒值得一看。持續戀情則表示那是成年人「愛情」的方式，反之，隨即分手，相當於一種專屬賣春。這個表現是否太過辛辣了？

54

怨恨使母親不幸的妹妹

●洽談●

我和兒子一家人過著幸福的日子。丈夫已歸西，今年七十歲的現在，和一男五女的親兄妹（我是老二）出外旅行是我的樂趣，但排行老三的妹妹是問題所在。她從小就愛慕虛榮，從穿著到一切所行所為，都要和姊姊們比較而爭強。我發現這個妹妹在母親生前，慫恿弟媳並破壞母親和其他女兒之間的關係，使母親孤立，讓母親在相當寂寞的孤獨感中離開人間。弟媳現在已知反省，但我無論如何也不能原諒這個妹妹。

（大阪　煩惱的姊姊）

診斷

消弭仇恨也許就能輕鬆自在

沒有必要原諒。

我很早就有個想法，其實世間有許多不通情理的道德，且慫恿自然而普通的人們去做根本辦不到的事。譬如，「絕對不可說謊！」「永遠不要失去希望！」「深愛妳的敵人！」「任何人都要原諒！」等等。

別開玩笑了！

人時常（應該說是總是）說謊、絕望、怨恨敵人、不原諒別人。

也許令妹是「愛慕虛榮、不服輸、獨占慾強」的性格異常，而妳是「數十年懷恨在心、執拗不休」的性格異常。至於我則是「不瞭解這種心情而冷淡」的性格異常吧。地球是背負著五十億個性格異常，不時在太陽的外圍運轉。

也許妳受到教育、書籍、說教或媒體、戲劇等的影響，真的信奉「不可憎惡他人、不原諒別人」的教義。這是不行的。因為，我們會怨恨讓自己或自己最重要的人慘遭不幸的人，但若心存這樣的理念，往往會克制自己而無法完全釋出感情。無法完全釋出感情會留下尾巴。若要讓人的感情長久持續，要領似乎是適度的壓抑。因此，「暗通款曲」細水長流，強制忍耐容易留下尾巴，變成「不吐不快」。

基於這番理由，我認為不妨率性的解放自然的感情。也許當內在積怨完全發洩後，意外地反而獲得暢快。說不定可以體驗到疙瘩落地的爽快。

因此，千萬不要原諒令妹。同時，請妳怨恨、怨恨、怨恨不已。如果令堂被迫過著孤寂的晚年，她的怨恨轉移到妳身上（有如王朝文學的世界）使妳的憎惡日積月累如水漲船高。

當妳把全副精力凝聚成一股憎惡感而集中在令妹身上時，對方可能原因不明地死亡，而妳或許也能從憎惡中畢業。

55 母親和弟弟的借錢惡習

●洽談●

我因娘家母親和弟弟大傷腦筋。母親約從十年前開始，沉迷於柏青哥而染上借錢惡習，甚至落得被高利貸討債的景況。二年前結婚而離開家庭，心想總算脫離那種汚煙瘴氣，但接著是弟弟。弟弟中學畢業後輾轉在各種工作流轉，最後也向高利貸借款，有一次接到母親以緊迫的聲調打來的電話，為弟弟墊付了三十五萬元左右。我本身的經濟並不充裕，當我一催債款，他們就用謊言搪塞。一想到日後還要和這樣的家人交往，心裡極度不安。

（大阪市　二十五歲）

診斷

「不引以為忤的人」VS「引以為忤的人」

筆者不論在業務上或私生活中，經常觀察與此類似的人。在我任職醫院或大學時，鮮少碰到這樣的人，但地域社會卻屢有所見。這些人通常註定會有一個悽慘的老後。不過，有趣的是當事者對未來的景況毫無所覺，即使偶有這樣的念頭閃過，也隨即忘卻。換言之，他們是「不引以為忤的人」。人間社會似乎有兩類型的人。

首先來談「不引以為忤的人」。這種人不會揣測對方的心情，立即沉溺於眼前的享樂，很難事前猜測結果，只想到當下得過且過，而且，一再地盤算自己所搞出的名堂如何轉嫁責任的類型。因此，所做所為無非是奪取、盜用、借貸、矇騙、利用（對方）、辯解、背叛、倚賴、不努力。而永遠持續浪費、賭博、虛言、借款、不真、轉職、強索、犯罪、落魄中的三個以上的惡癖。總而言之，這種人從幼兒期就露出端倪，青春期以後變得顯著。

另外一個類型是「引以為忤的人」。他們正好相反，是屬於討厭借錢、賭博，為了將來忍耐目前的景況或端正自己、顧慮周遭的感受、擁有典雅高尙的興趣、貞操堅固、正直誠實，滿足這些特徵中三個以上條件的人。這也會在幼兒期出現端倪，青春期以後變得顯著。

一般而言，同一個家族內有這兩種類型存在時，「引以為忤的人」一定會一再遭受「不引以為忤的人」身心兩方面的危害。

「怎麼樣才能改變過來？」面對這個問題我不知如何以答。至少「不引以為忤的人」在引以為忤之前是改不過來的，而這種人一般的特徵是「很難引以為忤」。這些人好比樸克牌遊戲中的抽鬼牌玩法的鬼牌，最佳之策乃是儘早傳給下一個人。換言之，如果是兒童，儘早從學校或家庭驅逐出去，若是成年人，就在一場嚴重的爭吵後斷絕往來。

當然，如果超過限度只有國家承擔下來，將其收容在「監獄之中」。看似寡情，但唯有如此才稍微能提高矯正的準確率。當然，無動於衷依然故我也大有人在，不過，只要社會上有某人為其擦屁股，收拾爛攤子，絕對矯正不過來，因此，這樣的作為至少還好一點。

56 令人恐懼的姪兒

●洽談●

我想請教您有關二十九歲的姪兒的問題。他出生在非常普通的家庭，但從小就非常叛逆。高中入學考試時因壓力過重，變成精神上無法克制自己的人。對父母暴力相向、拿利刃威脅索錢、把母親鎖在戶外看成人錄影帶，盡情地胡作非為。目前暫且把母親和祖母藏匿起來。我的家都是女人，對於他叫囂的「拿三十公分的長刀去奪回來！」的威脅害怕不已。如何才能保護安全呢？

（東京都　希望匿名）

診斷

不要告知妳的住所，消聲匿跡

根據妳的信函，他在十幾歲的時候曾經住過精神醫院。至今對此事似乎懷恨在心，但醫院方面也許也不願意長期照顧吧。光看他的所行所為，似乎是一種人格障礙。

這種人對他人造成極大的麻煩，但相對地因缺乏願意看管的機構，令人大為困擾。

不過，一旦犯罪就不同於精神障礙，必須確實服刑，但以目前的狀況而言，也不能叫妳們等待到那個時期。一般而言，年紀一旦邁入初老期，行徑多少會好一點，但也不能叫妳們忍耐到那個時候吧。

有沒有什麼矯正的辦法?有許多專家在著作或論文上大筆疾書，彷彿能夠矯正似的，其實未曾見過慢慢轉好的事例。

換言之，這彷彿是幽靈或UFO，只聞風聲未見真面目。就連筆者也未曾有治癒的經驗，只是長年交往之後，有些人症狀好轉，有些人反而日漸惡化。

「雖然出生在一般的家庭，從小卻是個叛逆的孩子」，這也是理所當然的，再怎麼虛心管教，全人口數的某%會出現人格障礙。換言之，這並非誰的緣故，大半在兒童時期就已出現徵兆。

那麼，這不表示無藥可救了嗎?其實這個社會的結構是挺周到的，所謂的壞人必會得到相對的報應。既得不到家人的關愛、也無法建立打從心理可以信賴的同伴。不論是人際關係或工作都不順利。遭受天譴、咎由自取、自作自受、惡因惡果、天網恢恢……哈哈哈，點滴在心頭吧!

不過，親戚朋友間的受害總要想點辦法。必須防止無辜者受到牽累。最好的方法是，保持物理上的距離。儘可能不要讓他知道住所，彼此沒有往來的消聲匿跡。或找一個彪形大漢的親戚飼養猛犬。學習空手道或合氣道。此外，不妨也試試稻草人符咒術?

不過，對方既是「無法忍受高中考試壓力」的程度，應該沒什麼了不起吧!

57 心懷不軌的姻親叔父

●洽談●

姻親的叔父對我不懷好意，經常找碴。就在我新婚不久，曾經趁丈夫不在家前來說些令人噁心的話，後來還試圖碰觸我的身體。我告訴丈夫，但叔父當時是市議員，擁有極大的實力，對此事擺出「莫宰羊」的態度。其後，我儘量避免和他有所關連，但當丈夫去世，每次在婚喪喜慶等場合碰面時，竟然揚言不給我任何遺產，對我糾纏不休。其實我根本無意爭取公公的財產，但一想到被邪惡的叔父操縱，心裡就氣不過。

（大阪府　希望匿名）

診斷　盡情地惡言相向

所謂的家族，是一種看似可貴卻又不稀奇的奇妙制度。彼此毫無血緣關係，利害也不一致，卻令一般人認定有某種密切的關係。但是，這只不過是社會規範讓大家如此信奉不疑罷了。制度或法規全是如此，最賢明的做法是不要信以為真。只要知道「原來社會上是有如此不成文的規定」就好了。換言之，所謂的姻親關係，事實上乃是莫不相關的他人，只要彼此沒有刻意的牽就或互惠往來，根本不需要理睬對方。

既然是莫不相干的他人，我們也無法支配或控制對方的言行舉止。其實就連近親或親子關係，幾乎也不可能依自己的方便來左右對方的行動或性格。厚顏無恥的人就是厚顏無恥，懦弱者依然是懦弱者。非但如此，我們甚至無法依自己的思維掌握自身的行動或性格。頂多對自己覺得不愉快的人帶有厭惡感，產生好感的人心存好意或給予方便罷了。

更何況是姻親關係或陌生人，只要依照一般的社交辭令，斷然地做表面應對即可。對方也不會因此而產生改變，但如果他是令任何人都感到不愉快的壞蛋，慢慢地將會受到周遭的報應。但是，如果妳認為這個叔父令妳憤怒而造成精神衛生不良，不如和與自己立場相同的親戚朋友，在閒談中盡情地毀謗他、說他的壞話，這樣多少會減少妳心中的鬱悶。

只要妳不是非常奇怪的人，周遭應該有許多對這位前市議員感到厭惡不已的同伴，妳可以和這些人聯手「共鬥」。既然是前任議員，也許曾經有所謂的「×××協進會」，不論是在中央或地方，政治是非常現實的，一旦從現役退出，從此消失無蹤。因此，接著就暗中成立一個「前市議員詛咒會」，在集會時喝茶聊天，再把這位前任議員的各種惡行惡狀當做話題，一陣口沫橫飛的指責後必能使妳心情愉快。

千萬不要指責這樣的作為，頂多是無聊的自我滿足罷了。因為，世間有一個原則是，遭受多數人厭惡的人，早晚會有一個孤獨的死亡等候（即使看似家人隨侍在側，壽終正寢，事實上大家是各懷鬼胎）。

58

和公婆的家太近

●洽談●

結婚七個月。我因丈夫（二十五）和他的父母而煩惱不已。公婆的家位於車程五分鐘的地方，每到周末常邀約過去玩或叫我們去拿他們以興趣耕作的蔬菜。這種情況相當頻繁，當我抱怨不勝其煩時，丈夫卻怒斥我：「太任性！」我的父母也許是對丈夫過於客氣，鮮少打電話來，而我頂多一個月回一次娘家，和丈夫的父母是完全相反的情況。我想過只有搬家遠離公婆一途，但卻很難找到便宜的國宅。因此，每天都吵架。怎麼樣才能讓丈夫瞭解我的心情？

（奈良縣　S女士）

診斷

越是善意的人越難以處理

以結論而言，絕對無法獲得丈夫的理解。死了這條心吧！

因為，一般人對於「出自善意的作為」毫無反省的念頭，而且，無法想像竟然有想要拒絕的人。

換言之，公婆會認為：「什麼！那個媳婦！我們特意花心思做得面面俱到，竟然還不滿意？是否腦筋有問題？」這個社會沒有比具有善意的人更難處理的了。

一般的新婚家庭，和太太的娘家經常往來者，似乎較平安無事。也許身為丈夫者並不在意和那一個家庭的接觸頻繁與否，但身為妻子者，也許是因過於顧家的緣故，往往對丈夫的家庭產生排斥反應。不過，丈夫可利用工作消除這類家庭瑣事，因此，通常也不當做一回事。

但是，若是舊式的家庭，似乎會認為媳婦應該習慣夫家，或身為長男的媳婦應該如何如何，總之，試圖引進自己的家風。現代女性對此感到排斥，希望至少在物理上保持較遠的距離，這也是自然的現象。尤其是女方年紀輕輕就已獨立生活的人，對於丈夫永遠和自己的家庭黏在一起的情形，會感到不愉快。

有些妻子甚至會脅迫丈夫：「選擇你的父母或選擇我？」但是，可悲的是，目前還有許多丈夫會回答：「嗯，我還是選擇父母。」

「很難抽中便宜的國宅」這一點的確令人惋惜，不過，如果抽中偏遠地區的國宅也願意搬家的話，令夫君也不是那麼離不開父母的人吧。既然如此，比起最近顯著增多的戀母情結的丈夫，實在好得太多，說起來妳的抽籤運（婚姻）也不差啊！

到全國各地的國宅處積極投標，所謂笨槍亂打也會中彈，在搬家遠離公婆之前也不要有孩子喔！請在這個方針下努力奮鬥吧。

不過，如果有了孩子後卻死皮活賴的待在自己的娘家不走的話，妳恐怕也不能說得太好聽了。

59 討厭沒腦筋的公公

●洽談●

三十八歲的主婦。丈夫單身赴任中，目前和三個孩子及公公住在一起。公公六十八歲，二年前辭職後一直待在家裡。我們已經在一個屋簷下共同生活十四年，但彼此卻不投合。最小的孩子還是個嬰兒，我們二人獨處的愉快時光，往往因為公公在旁而變得沉悶，公公或許也略有所察，只找小娃娃說話。而且，當我和小娃娃玩樂時，公公會拿起他的玩具吸引小娃娃，或從中阻撓。雖然我想公公是疼愛孫子，但對於他那沒頭沒腦的舉止卻感到焦躁不安。丈夫似乎也不太喜歡這個父親。

（兵庫縣　N女士）

診斷

嬰兒有如一條蜘蛛絲

「沒腦筋」有兩種，真正沒腦筋及佯裝沒腦筋的兩種情況。我不知妳的公公是屬於那一種，但令夫君如果是個正常感性的人，被他討厭的父親，也許是個真正沒腦筋的人。「被多數正常人討厭」乃是人格上有某種問題的證據。幾乎沒有比這個更敏銳的測驗法。

不過，以當事者的立場而言，卻搞不懂為何惹人嫌。自己的特徵有如身上的體臭，根本無從自覺。唯一能夠明白的，只是「說不出緣由，周遭人似乎討厭自己」這種漫然的氣氛而已。從某個角度而言，這是相當可憐的。因為，自己找不到原因，卻得到周遭冷淡反應的結果。

尤其是男性邁入老年後，一旦隱約感覺到被周遭年輕人嫌棄、排斥，必會陷入有如置身孤獨地獄的氣氛。

這時出現了救星，那就是嬰兒或幼兒。

因為，嬰幼兒還不會分辨人。尤其對他人微妙的人格問題相當鈍感，只要有人搭理、為件，則「不分遠近親疏」接近。

因此，站在公公的立場，有如垂向地獄的一條蜘蛛線的就是孫子。緊抓著這條蜘蛛線往上爬，乃是人之常情，當然，對兒子或媳婦可能造成麻煩，不過，這也值得思量。至少，成年人不願意和有問題的老人往來，也討厭他們。但是，幼兒對於這樣的老人，也能投以「無條件的關心」。

換言之，他們替代成年人實踐了修女泰莉莎、日本光明皇后等「不分遠近親疏」的福祉事業。至少在能夠分辨他人的青春期之前。

妳的孩子有如拯救有問題老人靈魂的社會福祉專家。這是一種功德吧。

其實，妳不妨像時下流行的洋派做法，把孫子交給爺爺看管，夫婦二人一起去看電影或去欣賞音樂會?縱然還有一點問題，至少可以確保一個能夠付出真情的褓姆。

60 離不開兒女的公公

●洽談●

結婚三年，和公婆同住。公公一年前退休，沒有任何興趣，是俗稱「凋零落葉」。每天無所事事，略有酒精依存症，怕寂寞，婆婆不在身邊什麼也不能做，而婆婆是舊式婦女，對公公盡心盡力。情況若是如此還好，我最大的煩惱是，公公一直把他的兒子（我的丈夫）當成孩子這一點。彷彿和小學生談話一般，一一地詢問當天發生的每件事，或提醒回家太晚了等等，聽在耳裡就令人覺得煩躁。難道沒有讓公公的視野朝外的方法？

（和歌山　主婦）

診斷

確保夫婦僅有的「成人時間」

首先，從最簡單的解決法說起。

那就是生孩子。最好是三個孩子以上。其中一人要有送給公公的覺悟。無法離開兒子的父母，一旦擁有孫子，會立即把所有感情轉移到孫子身上。妳瞧，乳臭未乾的小娃娃，一定比長著鬍子一臉油污的大男人來得好玩。既可以消磨時間，又可以向附近鄰居宣揚「有一個親切的爺爺」。

根據人類學家原廣子的說法，在北方印地安部落，乳幼兒是最得寵的一族。總之，根本沒有任何娛樂性的娛樂，看著小娃娃嬉戲、胡言亂語，似乎就是很有趣的娛樂。那的確有趣。因為，不必放電池就能開口說話或搖搖擺擺地步走。

換言之，對於社會無法離開兒女的父母們，只能給其他的玩具做為彌補。

不過，這可能還會留下一些問題。也許在數年後，說不定妳會在別家報紙的人生洽談上投訴：「公公獨佔孫子，令人大傷腦筋」。總之，有許多人需要有人理睬，否則會出問題。尤其是到了人生後半段，若沒有情緒紓解的對象，會令人覺得浮躁不安。

如果可以專精於工作或生涯規劃的人倒好，但缺乏這類專心投入對象的人，全副精神永遠會執著於兒女或身邊的雜事上。因為，如果從這些執著抽身而出，就必須正面地目睹人生的虛無或自己的死亡。從某個觀點而言，這是非常可憐的。每次看見一直在兒女身邊打轉的父母，總覺得心疼。同時，這樣的兒女也有問題（這是指妳的丈夫喔！）。親子之間的個體獨立，光憑個人是辦不到的。那種彼此無法分離的狀態，若無共犯是無法成立。

因此，當尊夫仍然一直扮演乖兒子的角色時，請妳放寬心胸當做是一種孝行，偶而也請確保你們夫婦二人的「成人時間」。

可別聯想到一些複雜的涵義，我希望的是，你們夫婦二人能夠擁有出外旅行等完全投入共同興趣的時間。此外就坦然地騰出時間，把「重要的兒子」出租給公公。

61 誰該照料小叔

●洽談●

丈夫的弟弟（四十五）有輕度的發育障礙。日常生活並無不便，因此，獨自在外租屋生活。長年在岡山的紡織工廠工作，但離職後在夫家附近遊手好閒，因此，丈夫把他帶到大阪來。剛開始非常認真工作，但碰到中元節或新年等連休假日多時，就不再前往工作，只好找新的工作。如此的情況一再反覆。最近一年幾乎賦閒在家。還前往故鄉向老邁的母親索取零用錢。為人母者往往過於嬌寵，並告訴我們若有困難要想辦法支援他。小叔年紀越來越大，將來令人不安。

（大阪　希望匿名）

診斷

不要一個人獨攬，讓更多的人負擔

我不敢說任何家庭都有問題，但多數人的親戚、姻親中，總會有一、二個令人煩惱的人物，類型不一而足。但最近常見的似乎是基於「總有人會幫忙」的感覺造成的不適應。也許社會物資富裕變成福祉社會，兒女出生人口銳減而使人權神格化，因而產生受困者受到較好照料的副作用吧。若在古時候，根本無法想像。

所幸的確「有人想辦法援助」，不論是習慣性轉職或好吃懶做、排斥上學、睡懶覺，個個仍然健在安康。我想這也許是因別人或職場不再插手管事，緊接著親戚或兄弟也感到厭煩，就連父母也對親身兒女不抱希望之後，社會的福祉行政或義工想盡辦法幫忙的緣故。唉，還算是社會整體可以背負的負擔之一。

不論別人的議論如何，我家的情況總得想個辦法吧……您說得是。一般而言，碰到這種情況會從關係較偏遠的人依序撇清關係。這時，最重要的是時機。最好是在父母健在時大吵一頓，斷絕往來，或設法讓對方心生嫌隙，不再往來。方法有許許多多。如果錯失時機，恐怕會變成「一回神才發現周遭者個個已打退堂鼓，只有自己的手邊留下包袱。」

如果基於立場上或情緒上等理由而無法抽身不管時，儘可能讓更多的關係者參與。譬如，從親兄弟到遠親、朋友、熟識，乃至職業介紹所、提供住處的公司、宿舍或各種設施、生計規劃所、福祉事務所、公共職業安定所、議員、宗教團體及其它，換言之，多多益善。

如果由某一個人一手全包，隨即會出現負荷不了的情況，但大家點滴分攤，以各自擅長的一面來負擔，情況會輕鬆一些。因此，秘訣似乎是設定援助的局面。譬如，供其居住卻不插手其他的事務，或提供生活費但細節由自己衡量等等，或者提供精神理念上的諮詢、洽談，但實際生活悉聽尊便。擅長此道的行家通常可以利用這個方法長期地開張營業（提供資源）。如果對於對方所有一切的生活照顧得鉅細靡遺，任何人也無法持久。不論是幸或不幸，由大家一起分擔吧。雖然幸福會因而變得稀薄，但不幸也會確實的淡化。

62 任性自為的小姑

●洽談●

小姑（二十八）高中畢業後，在專科學校學習室內裝璜設計，本以為道具齊全就要開張旗鼓，卻又跑到英國留學三年。這時我也利用當年自費留學的各種關係給予幫忙。小姑自己似乎也準備了四百萬元左右，但立即花費殆盡，後來還央求我們匯款過去做為「結婚基金」。但是，今年年尾回國後一待就不走了，四處遊蕩。夫家有一對家庭內離婚的父母，還有一個需要父母呵護無法獨立的姊姊，全家四分五裂，根本沒有人注意妹妹的行止。我覺得再嬌寵下去並不好……。

（奈良縣　希望匿名）

診斷

當做是文化差異衝擊……

真是個令人羨慕的家庭啊！

首先一提的是，這個家每個人擁有各自的生存價值以及幾近不負責任的自由。根據原先的信函，公公手頭極為寬裕，對妻兒出手大方幾近散財，而婆婆是道地的守財奴，大姑夫婦倚賴娘家的財產生活，小姑則是悠遊世界、率性自為。

以某種基準或價值觀來看，這種家庭顯得異常或病態，如果有某處出現故障，恐怕早就在空中分解了。既然可以持續數十年的經營，表示有相當的安定架構。就以家庭內離婚而言，未必是家庭崩解的訊息，以這對夫婦的組合來看，唯有這樣的形式才能獲得踏實。至於兒女，想出最大的能耐索取願意付出的父母的錢財也是理所當然，這種情緒上缺乏一體感的家庭，做為母親者只好牢牢地守住錢財。

一般安份守己人家出身的女兒，嫁到這種家庭時，所見所聞令人驚訝、憤怒。總之，體驗到一種文化差異的衝擊。因此，即使向丈夫求訴，所得到的也只是「啊，算了，這個樣子也過來數十年了。」

我個人認為，所謂的結婚，無一不像是國際婚姻。因為，必須在和自己出生、成長的風土環境完全不同的地方適應。

難道可以這樣縱容下去嗎?這個疑問是理所當然的。不過，不論是縱容者或軟土深掘的人，總有一天會得到報應。但就像我常講的，神佛似乎不會降臨世事，因此，即使有報應也有人不引以為意。假使女兒一副窮苦潦倒且赤貧如洗地回來，父親仍然不在意而持續援助，結果援助後的女兒也不洗心革面，隨即整裝待發重新展開率性自為的生活方式。或許出人意外地，會釣到一個超級金龜婿。哎，這個社會就像妳所出嫁的夫家一樣，是個不通情理，令人搞不清楚所以然的地方。

不如帶著在國外旅行的心情，將這類異樣的風俗習慣看成稀奇的觀光吧。

63 懶散的人

●洽談●

娘家的母親（七十三）接連四代都招贅女婿。但母親的生活極爲邋遢，和母親一起生活的弟弟（三十九）大學畢業回到故鄉之後，住在幾乎未曾打掃過的房間裡。被單、塌塌米幾乎可用汚穢骯髒形容。雖然娘家是農戶，卻討厭農地耕作，種田幹活的事委由他人處理，飲食所需則完全取購自超級市場。父親在生前經常告訴我們：「用餐後至少把碗洗洗！」但母親卻嗤之以鼻。現在再說什麽也無濟於事。每次看到外表像賢妻良母而開朗，和鄰居快活暢談模樣的母親，不禁想起可憐的弟弟。（兵庫縣　希望匿名）

診斷

離不開不冷不熱的洗澡水

哎呀，真是骯髒不堪的人啊！

不過，與其說是不潔，毋寧是懶散吧。其實，筆者對這類懶惰邋遢的人倒抱著好感呢！我們家所有的人都有這麼一點習性呢。所以，數年來謝絕會客。以廚房而言，東西是撒得飛天滿地。如果不想想自己雜亂的房間，卻指責老婆：「還有夠髒哪——」她一定說：「但是，還沒有人因為食物中毒死亡呢！」我一點也不發怒，「說得也沒錯，人倒是韌性挺強的生物——。」

大阪地區對於懶散而不善於整理的人稱為「Doraku」。這個說詞也許是起自「道樂」一語吧。換言之，只要「享受」某種其他的「道」，掃除、整理家務等非生產性（因為這有點類似在河堤邊堆石頭）的作業徒增麻煩而已。令堂不太喜歡效法一般主婦，在用餐後整理零亂的杯盤碗筷。令堂一定是為了過得開朗活潑、到處與人閒話家常的「道樂」，一開始就放棄了家事勞動吧。連續四代的女系家庭，令堂的任性也不會受到阻攔吧。

至於令弟之所以難逢美眷，不一定全是母親懶散成性所致。慵懶或不潔的生活，有一種獨特的安逸感，一旦習慣之後，很難解脫。（這是經驗者所說的話嗎？）如果當事者渴望跳出沼澤投向清新生活的懷抱，我想早就獨立了。

這樣的家庭恐怕不會有人願意嫁過來，但是，只要當事者有心向上仍然可以分居過新生活。既不下定決心也不付諸實行，可見弟弟本身也有責任。尤其是在兩性互動上，本質並不活潑的人，到了三十歲層後半，恐怕持續邋遢卻安穩的生活，遠比談戀愛或結婚更受歡迎吧。正因為如此，我們每天抱著堅定的決心，努力不懈地精益求精，才能維持「健康而具文化性的最低限度之私生活」。

如果稍有懈怠，隨即跌落至怠惰而慵懶、低熱能高熵（entropy）的生活。這對某部份的人而言，「彷彿浸泡在不冷不熱的洗澡水般的安穩，堪稱至高享受的境地」。愛莫能助。

第六章 婆媳糾紛

64 對婆婆費盡心思

●洽談●

丈夫（六十八）、婆婆（八十七）、我（六十九）三人住在一起。兩個孩子也獨立分居。和婆婆相處在同一個屋簷下，就令我感覺緊張，神經疲勞。必須長期服用精神科所給的安定劑、安眠藥的狀態。唯有婆婆因骨折住院的期間，可以停止安眠藥，因此，失眠、不安的原因已非常清楚。丈夫行為端正有如神明一般，婆婆的性格也很好。但是，我卻覺得這樣下去我的人生算什麼呢？總之，我希望自己的心態能改正而停止服藥。請求你賜給我一帖最好的處方箋。

（和歌山　希望匿名）

診斷

深愛妳的敵人吧

深入追究後的原因，是非常科學性的推論。

不過，對方沒有任何令人挑剔的地方，倒是可憐。無疑這乃是「神經疲勞」的秘密。如果對方是壞蛋，既可以怨恨也能責難她，自己也不必背負任何罪惡感。但是，如果是「過於完美的丈夫、婆婆」，即使有種莫名的違和感，也不能因此說出個理由來，所以，在不知如何是好的懵懂心態下同居了數十載。

和神明或佛陀類似的人同居，是值得商榷的一件事。因為，表現得不夠好的往往只有自己，這的確令人受不了。

但是，倒也不能慫恿妳分居或對婆婆忤逆不孝。因為，妳似乎有極大的良心。因為這個良心，才會認同對方有如神明或性格良好，縱然產生微妙的反感，也不會表露出來，能夠以理性來控制自己。既然如此，如果對「性格良好」的婆婆表現冷淡，有一天婆婆因此而離開人間，相信妳的良心必會留下極大的罪惡感。日後婆婆的陰魂如果每晚出現在妳的床頭，相信妳一定不敢正目以對。

因此，對妳而言應儘早從「真討厭，但對方又無過失，只好自己忍耐。不過，這樣也令人討厭啊！」這種逃避的日子畢業，把態度轉化為「好吧，不論對方是善人或神佛，婆婆終究是外人。非但如此，橫阻在我與丈夫之間，此仇不共戴天。總而言之，乃是敵人。但是，面對這個敵人不要再逃避了。表現積極而親切的態度吧。啊，母親大人，替您按摩一下肩膀吧。或者一起去看場電影。」

即使並非出自真心也無所謂。這乃良藥苦口、難行苦行。無理的難題。但是，只要有一點點這樣的作為，妳就是「深愛妳的敵人」「給敵人送來溫暖」。換句話說，妳也是神明、佛陀的同伴，在對方有生之年，若能持續這個難行，平安無事地送婆婆上西天後，和老公二人守著家園時，妳的心情也輕鬆，既不後悔也無遺憾，可以過著坦蕩自在的餘生。

65 談吐粗魯的婆婆

●洽談●

婆婆（八十三）的談吐方式，令我非常痛苦。說起話來直來直往或帶著男人的口吻命令語氣。譬如，去吃、去喝、拿出來、拿過來等等。基於身為媳婦又是晚輩的立場，長年來一直忍受，但心情常為之不快。如果可以對談吐粗魯的人一笑置之倒好，但我總覺得不愉快，甚至懶得和她說話。同時，我也不喜歡她老是注意、干涉我，目光炯炯地看著我。順便一提的是，婆婆在丈夫死後，獨自養育兩個孩子，老骨頭還硬朗的很。

（和歌山　五十四歲的媳婦）

診斷

不要把對方說的話當真

語言這種東西非常有趣，如果全盤接收，通常沒有好事。

譬如，「永遠愛著你。」或「啊，太太妳永遠這麼漂亮。」若是我們想要信服的內容，往往一字一句全盤接收，無法抵擋這種慾望的誘惑者，也是對別人的讚美照單全收。如此一來，不論是談戀愛或婚姻詐欺、甚至風險事業無一不額手稱慶地歡呼成功，廣告業界日益繁榮，政治團體也能夠維持勢力。

不過，語言這種東西，只不過是說話者據實地或表現了其大腦活動的一小部份罷了。所以，語言必須給予折扣或添加某些語詞之後再領收。如果是「永遠愛著你」，必須稍做刪減之後再接受。諸如「（並不限定只有你，但以目前的時間而言）永遠愛著你（有這樣的心情，但未來如何只有神明知道）」。

碰到當面被人怒斥「笨蛋！」或「傻瓜！」我們通常啞口無言或勃然大怒。發怒者是希望我們能噤若寒蟬或怒火沖天，因此才有「（我如果怒斥）笨蛋！（你必噤若寒蟬或大發雷霆）」。如此則落入對方的圈套。既然落入對方圈套，即表示對方已成功，所以，今後若想讓你保持安靜或大動肝火時，對方會經常使用「笨蛋！」「傻瓜！」的語句。換言之，持續被對方操縱。

那麼，如何才能回復自由呢？被他人怒喝時，表現出無所謂的態度說：「啊，沒想到你會這麼說。」或喜形於色地說：「哎喲，罵得真舒服。吼更大聲一點！」用這樣的方式回應，對方必大感意外或臉色鐵青，結果不敢再怒吼了。不過，也可能咆哮大怒。

最後，給妳一個答案。晚年所剩無幾的婆婆說：「去喝！」，所指的乃是「（我的口齒不伶俐也缺乏教養，真對不起）去喝（我應該用故鄉的方言說點客套話，但我只能用直接話法或有如英語命令型的直接翻譯來表現）」的意思。凡事都以這個方式去翻譯解釋吧。

66

母親和兄嫂對立

娘家的母親長年來因兄嫂擅自搬弄母親的衣櫥或拿走家財用具而傷腦筋。性格懦弱的母親說不過尖嘴利舌的兄嫂，反被誣稱記性差，還被當做病人看待。有時變得神經衰弱。看不過去的我挺身而出議論，兩個月左右之前，兄嫂帶著孩子搬到娘家附近的公寓。從此，母親心情大為舒坦，狀況也好轉，但接著輪到哥哥有問題了。原本沉默寡言的人從此不再開口說話，似乎唯兄嫂的意向是聽。

（兵庫縣　煩惱的女兒）

●洽談●

診斷

沒有毫無犧牲的決斷

令我驚訝的是，光憑小姑開口干涉，兄嫂就老實地帶著孩子離家。可見凡事還是鼓起勇氣說看看。

不過，兄嫂自有兄嫂的自信或計算吧。再怎麼說，她已擁有夫婦之間的情誼並確保孩子這個人質。所以，對兄長造成某種副作用也是莫可奈何。把兄長與兄嫂當做敵人，自然要覺悟有朝一日兒孫也會跟隨她去。若想只擁抱自己的孩子、孫子，排除原本是外人又手腳、口舌不乾淨的媳婦，這種想法過於天真。媳婦並非盲腸，不能因為有點腐壞就把它割除。

不僅是家族問題，多數的問題洽談，往往胳臂向內彎，如果這是兄嫂前來的洽談，恐怕會變成「夫家隨意汚蔑、栽贓，又因小姑一句話被驅逐家門，在家裡的丈夫也成天怨嘆。老師請給我提供一些意見。」

如果是夫家提出的問題，就會像本欄的投訴一樣，「趕走讓母親受盡苦惱的兄嫂後，哥哥出現不言不語的症狀。老師，請給我指示一下好辦法。」而內心根本不管對方感受如何，只是潛伏著只要自己的親人不要受害的心態。

首先，既然要趕出兄嫂，必須有把哥哥和孫子一併送做堆的覺悟。當然，如果兄嫂和哥哥之間的感情冷卻到極點，而孫子也對祖母毫無留戀之情，倒也可以只和兄嫂斷絕往來，但看貴府的情況似乎並非如無此。既然和丈夫及兒女之間的感情仍然緊密相連的媳婦，讓他們之間分離決裂的夫家也有過失吧。

因此，我覺得兄長不妨也離開家裡，和妻子過著公寓生活。不過，令兄長可能沒有這番自主性吧，縱然有之，令堂可能因兒子及孫子都離開自己，更加地「神經衰弱」了。說起來像是「蛇怕吸血蟲、吸血蟲怕青蛙、青蛙怕蛇」的三角關係。

結論，請從上述決斷的方法中，選擇對相關者最能夠忍耐的方法。世界上絕對沒有毫無犧牲的決斷。

67

干涉過度的婆婆

●洽談●

我（三十）結婚五年，夫婦都在外工作。我們和婆婆（六十一）是兩代同堂，但生活自理。不過，每到周末未曾和我們商量就外出，一有來客就要我們幫忙。我多麼希望難得的休假日能過得自在一點，但婆婆常擅自走進我們的房間整理，物色新奇的物品。如果我能明白直言倒好，但連老公也覺得厭煩，因此，也不能同仇敵愾說說婆婆的壞話。

（大阪　希望匿名）

診斷

積極撒下干涉的種子，讓婆婆消磨時間

根據原先的信函，妳的婆婆是個好心人，由於對方並無惡意，似乎也難以拒絕過度的干涉。這正是所謂的小親切大痲煩。

不過，這還屬於好的一群。對方既無搗蛋、添痲煩的不良居心，而妳的老公也站在妳這一邊，並非處處護著母親的未成熟者。

為什麼我會這麼寫呢？乃是每次接獲有人因夫家的干涉而投函苦訴時，常有讀者會寄信

前來表示同感，如「我家也一樣。請告訴我那位媳婦的住址。基於同病相憐，我想和她通信。」我想抑止這樣的情況。其實每個人的情況多少有些出入，根本不能如此輕易地「牽扯在一起」。

這個事例中，夫婦間的感情好是最大的拯救安慰。

既然如此，何妨讓老公主動向婆婆出擊呢？根據妳丈夫的說法，似乎是「並非說了就能聽的性格與年齡」。答對了，說得一點也不錯。令堂那不能放下周遭一切不管、干涉過度的性格，已經維持了六十年以上。也許妳的老公和這樣的母親一起生活三十多年後，已經具備了抵抗力，或是嗅覺失靈，總之，至少比妳更具耐性。

而妳說「若能明白說出來倒好」，這一點也挺有疑問。我曾經無數次向身為父母或患者勸告：「停止過度干涉」，但從沒有人因此而罷手。他們似乎是天生下來就是為了干涉他人，如果要他們停止干涉，不是要他們恨我們嗎？倒不如主動積極地撒下干涉的種子，利用讓他們消磨時間的「圈套作戰」使他們獲得滿足反而好吧。

具體的做法是，每周六、日把房間弄得亂七八糟，夫婦兩人把周末旅行變成慣例化，您認為如何？如果還不行，也可以趕緊生二、三個孩子，把小娃兒的麻煩事塞給婆婆去處理。

總之，只要消除敵人的閒暇時間，妳就獲勝了。

68

婆婆的惡言相向令我傷了心

●洽談●

結婚三十年，一直為婆婆的惡言相向困擾不已，四年前一頓爆發性的辱罵，使我的心大受傷害而封閉。婆婆年輕時因戰爭與丈夫死別，過著缺乏感情的生活，我也因為體諒這個遭遇，一直服用胃炎藥強制忍耐。但是，強度的失眠揮之不去，胃炎也惡化，最後只要看到婆婆就忍不住想動武力，事實上也曾暴力相向。我擔心這樣下去會殺了婆婆，於是接受心理治療，最近情緒已稍微平穩下來。但是，心靈深處的創傷難以治癒，再也不能成為溫柔的媳婦。

（兵庫縣　希望匿名）

診斷

懷恨地交往看看？

多虧妳的忍耐了。

其實，人到底該忍耐多久？依筆者個人的看法，原則上是不應忍耐到傷害身體。換言之，妳已經超過限度的強忍下來。到了某個時候突破界限。這也好。

但是，日後妳卻後悔衝破忍耐的界限，並煩惱從此是否已經失去「溫柔媳婦」的資格。

接受心理治療是正確的。但並不充分。妳尚未解決今後自己是否仍然持續忍耐以便扮演理想媳婦的這個問題。既然尚未解決，過去所受的「心靈重創」當然還未痊癒，而今後也難以變成發自真誠的溫柔媳婦。

換言之，今後妳所面臨的是一個抉擇，到底該佯裝形式上的溫柔媳婦照料婆婆，或者把以前的總總完全付諸流水。

自己並非經驗者，因此，無法輕率而不負責任地告訴別人：「事情已經過了就算了。」對當事者而言，無法如此輕易地一筆勾銷。因此，我並不粗淺地認為該付出流水。因為，即使勉強自己忘記，心裡深處仍會留下疙瘩。不如牢記前仇舊恨與對方相處？

所幸妳比婆婆年輕。未來婆婆將日漸老邁。

於是你要照料婆婆。懷著前仇舊恨。

那麼，妳要怎麼辦？是將對方煮了吃了，或烤了啃了？全憑自由。妳已經站在壓倒性的優勢地位。存心搗蛋或報復悉聽尊便。婆婆已陷入弱勢立場，只有整天遭受威脅，這乃自作自受。

唯有這個時候，妳的人性才真正受到試煉。或許妳會原諒婆婆吧。至少，不會一再心存憎惡。也許妳會第一次深切地體驗到類似和解的感覺。面對將要死亡而虛弱的生物，很難還有除此以外的情緒。

第七章

戀愛、婚姻、性

69

令人焦急的年少男人

●洽談●

三十七歲，和比自己小三歲的他已經交往五個月。他曾說過考慮結婚，卻未曾有具體的發展。似乎是經濟上或父母方面等各種問題。不清楚到底該等到什麼時候，或者終究是一場空。未來還有高齡生育的問題，看到舉棋不定的他也曾想過考慮別人，但事實上我對他的感情尚無法割捨。難道因為愛上他造成弱點而使我變得積極，反而弄巧成拙嗎？若有可以讓優柔寡斷的他果斷做出決定的秘招戀愛技法，請告訴我。

（岡山縣　年紀大的女人）

診斷

物色其他的男人與之成對等關係

如果我知道有所謂的戀愛手到擒拿技法，我的人生可能更為充實吧。啊，真羨慕時下的偶像明星。也因為如此，我家的老太婆已對老公完全地放心，全副精神灌注在兒女身上。

姑且不論我的家務事。一般而言，年紀較大的女性如果因「愛上他人所造成的弱點」而變得積極，確實會感到焦急。因為，對方根本不必急。決定權永遠掌握在男人手中，完全依對方的意向行事。而且，有如吊在半空中的時期一再持續後，妳的弱點反而變成對方的強勢，這自然令人消受不了。妳彷佛處於向主人奉承阿諛的家犬一般。

一般而言，和年紀較大的女性發生感情的男性，似乎多半是誘發女性產生母愛的類型（可愛的男人），或喜愛被異性服務勝於服務異性的人。同時，有一種強烈的傾向是，認為對方在大大小小事上為自己盡心盡力乃理所當然。換言之，他們追求的是媽媽老婆的類型。對方要的只是另一種形式的母親或姊姊。

而要獲得媽媽老婆，首先必須娶對方為老婆。但是，這個人（指的是妳）在成為老婆之前，如果已經充分地照料自己，根本不需要再娶她為老婆。依目前的景況，還可以省下蓋印章、預約結婚會場的麻煩。

這不是挺傻的嗎？

若要從這個生殺地獄脫逃而出，請物色其他的男人。如果妳是屬於媽媽老婆的類型，年紀小的對象還是較適合吧。對目前的男友將成為強而有力的情敵。否則，也可以找有妻室的年長男人。這時，現任男友就要展現年輕男人的優點。總之，請確保自己也有選擇自由的立場。如此才能成為對等關係。

人非常奇怪，對於垂手可得的東西都不知道珍惜。一想到可能轉讓他手時，才突然覺得可惜。想要獲得某事物時，通常也必須拼死拼活的追求，但是，偶而故意放鬆手，也會有戲劇性的效果。如果他因此而離開妳，妳應該覺得是彼此無緣。

70 愛人卻傷神

●洽談●

五年左右前，和有婦之夫墜入情網，那是一段柏拉圖式的戀情，但曾有一段時間精神陷入不安狀態。其後，也找到工作，還到鐘點制的學校就讀，甚至也卯足勁在塡詞作詩等興趣上。但是，最近我才發覺，那些全是為了彌補創傷，對他所做的報復。我不懂為何愛一個人會如此傷神。但是，我卻不願意因此而不再愛人。我覺得再這樣下去有一天自己會崩潰，心裡覺得不安。

（大阪市　M小姐）

診斷

推銷「原本無望之愛」

愛一個人或傷神是理所當然的。

也許只有腦筋遲鈍的人，才會在愛戀之間仍然保持情緒安定。

從某個觀點而言，愛人會使心靈變成無防備的狀態。若是柏拉圖式的戀情，自我即成無防備狀態。反之，官能性的愛情，褪下衣衫之後肉體就成無防備狀態。總之，真正的愛情或戀情都是風險極大的冒險。

我不知專家們是否完全同意這個主張，但所謂的精神障礙，其必要條件乃是有一個容易受傷害的靈魂。如果妳天生具有不怕傷害的靈魂，頂多在情場上翻滾也遍體無傷吧。不過，事到如今再耍嘴皮子也於事無補。今後妳只能一直和妳容易受傷的靈魂相依為命。

在此有兩個選擇。今後每逢發生把自己下了賭注的情場糾紛時，一個抉擇是面臨精神危機。或者爲愛傷神已令妳嚐足苦頭，只好對內在的熱情緊緊煞車，過著與情愛無緣的人生。

兩者都有個長短。

因此，無法簡單地指定妳從中做一個選擇。只有妳才能做選擇。

但是，有一個蠻狡猾的遁逃之法。妳無需放棄愛人，但在愛人的方式上下點功夫。

下什麼功夫呢？那就是我所推廣的「原本無望之愛」。當開始對某人產生愛意時，一直對自己反覆唸誦咒文：「原本無望、原本無望」。它的意思是，不要期待對方任何的回報，換言之，愛情無望乃理所當然。如果有一點點的回報，好比「賺到的東西」，請妳不必客氣，心無芥蒂的領受吧。

或許這才是最美妙的愛情方式。因為，這是只有付出的愛情。如果內心深處殘存著希求某種回報的心情，這種愛情無法成立。也許所謂理想之愛，乃是分贈自己內心所溢出的多餘情緒的方式。尼采似乎也曾有此番說法。

71

令人厭惡的職場卻有心上人

●洽談●

三十三歲、單身。目前休職中，不久將復職。其實這份工作對我而言，造成精神上極大的苦惱。甚至想要辭職。但是，如果辭職就無法碰見暗戀中的人。那是我只能揣測一個禮拜可見幾次面的戀情。無法掌握任何契機，也許復職後也沒有任何結果。而且，說不定只是我一廂情願地認定他是最佳男主角。是否該忍耐著令人痛苦的工作而賭注幾乎沒有可能的戀情，或者斷然地割捨迷戀，狠下心來辭職？每天為這事傷腦筋。

（鳥取縣　希望匿名）

診斷

主動追求再從二擇一

實驗心理學上稱此狀況為「接近迴避心結」。相當於俗稱的「想吃河豚又怕死」或「漂亮的玫瑰有刺」。妳的情況是討厭復職，但復職卻能遇見意中人。這是典型的心結構造。

事實上只是我們沒有察覺罷了，在日常生活中充滿這類心結。譬如，早晨很想再多睡一會兒，但遲到會被上司責罵或減薪。讀書令人感覺厭煩，但是，翹課則無法累積學歷。

由此可見，每天都是一連串的接近迴避心結。而我們為何能夠不太煩惱地過日子？乃是碰到這類進退維谷時，會從二擇一斷然地割捨剩餘的一方。哎，不願意遲到還是起床吧！放棄學歷，功課擺一邊，選擇就業。怎麼樣？簡單吧。

從二擇一並斷然地割捨其中一方，從此不再有煩惱。魚與熊掌都要兼得，心生慾念才會煩惱。以妳的情況而言，想不做令妳討厭的工作，每天碰見意中人。那有這麼好的事。

其實，我是這麼想，會煩惱的人通常慾望非常強。惑者是難以割捨。這兩者本質上是一樣的。

那麼，既然「只能遠遠望著他」和「工作的痛苦」勢均力敵，恰好陷入其中的心結中。不如提起愛情無望也是理所當然的精神，主動追求？如果碰了閉門羹，即失去繼續工作的意義，如此則能斷然的辭職吧。反之，一切順利的話，說不定工作也變得有趣，甚至走上紅毯成為專業主婦呢！由此可見，接近與迴避之間無法割捨而煩惱時的要領是，把重量置於其中一方，一舉破壞兩者的均衡。

快，提起勇氣向對方邀約吧！

可能會遭受拒絕，但一開始則如此斷定，再也沒有人會買獎券囉！因為，愛國獎券也是因為有人購買，才會出現偶而中獎者。

72

沒有性經驗是重擔

●洽談●

三十八歲的ＯＬ、單身。以往未曾和男性交往，當然也沒有性經驗。目前這件事令我覺得非常寂寞而可恥。雖然在工作上極受信賴，也有許多朋友，過著滿足的生活，但這件事卻變成我的障礙。有過無數次的相親，但就是沒有感覺，雖然也曾有過非常喜歡的男性，不過，因為我的處理不當，交往並沒有結果。我並不在意有沒有結婚，只是我覺得因為沒有性經驗而被人以為不擅長處理人際關係而感到寂寞。（大阪市　Ｔ小姐）

診斷

卸下防備順應潮流

社會上似乎還有不知如何面對童貞或處女的人。

那種東西有如參觀名勝古蹟時的垃圾，想丟棄可能需要一點勇氣，但大家都毫無忌憚的丟棄。最近連中學生，甚至小學生也無所謂了。

其實，並不是越早丟越好的東西。而且，丟掉之後人是否因而大大地轉變呢？原本無所謂的人依然無所謂，急性子的人還是急性子。假設妳已經有過「第一次」的經驗，但是，世界一點也不為所動，還是原來的世界。

但是，這種東西原本就會捨棄的，既是如此，一直小心珍藏著它也無用。我教妳丟棄它的方法吧。首先，準備好旅館費，再打電話給我。這是開玩笑的啦！

首先，放鬆自己，鬆弛肩膀的力氣，緩和臉部肌肉。接著，每天早上對著鏡子做笑容的練習。化妝如果突然變濃，會讓周遭者嚇一跳，因此，想辦法避重就輕卻留有韻味的程度。

妳要慢慢地拆下架構在妳周遭那道妳看不見的防備。也必須帶著不挑三揀四的心態。尚未沾口就討厭，會使自己的人生變得狹隘。在各個方面都保持儘量嘗試的積極性。當然，並非「貪婪慾得」而是「來者不拒、去者不追」的心境。不論是各種才藝班或社團活動甚至旅遊探險，這才是所謂的體驗人生。

同時，凡事不要拂逆既成事實的潮流，對了，有如水波逐流的要領。這樣的生活方式，至少必須持續三年。如此一來，有朝一日妳必會察覺，原本緊緊抓住不放的「重要的事物（或負擔）」已自然地放手。

如果情況不是這樣，你要怎麼賠我？請千萬不要如此責備我。

縱然沒有變成那番景況，妳的生活方式一定變得非常自由自在，至少已經到達不再掛意沒有性經驗或過關斬將如魚得水的境地……。

以上是我的愚見…。

73

幻想中的戀愛

●洽談●

三十五歲的單身女性，為結婚恐懼症而煩惱。即使有人提議相親，卻因苦於和人談話而提不起勁。好幾次在相親場合只有保持沈默，戀情無疾而終。我雖想單身過一輩子，目前卻有一個令自己牽腸掛肚的男性。我們認識已一年，雖沒有什麼進展，但他對我也表現關心的態度。具有工作能力，充滿幹勁而具男子氣慨，對我而言是「條件太好的人」。經常想像和他纏綿的情景，也許我是只能生活在幻想世界的人，這個疑慮令我感到不安。

（鳥取縣　希望匿名）

診斷

必須有「從清水舞台往下跳」的勇氣

也許正如妳自身所診斷的，這是一種結婚恐懼症，不過，害怕真正危險的事並不叫恐懼症，這乃理所當然。結婚這種玩意兒，仔細一想也是相當危險的。年紀輕輕就察覺這一點的人，也許會貫徹單身主義。

不過，不巧的是結婚不只是危險，它同時也非常美妙。所以，感性細膩的人對婚姻都有進退維谷之感。而這也是應該的。因衝動而結婚的年輕人，和發情的動物並無兩樣。

哎，這些暫且擱到一邊。妳的情況應該說是對人恐懼症而非結婚恐懼症吧。從小過於害怕在人際關係上受到傷害，演變成一直和周遭人保持距離。這種生活方式從某個觀點而言，減少人生的風險，但同時也喪失了許多事物。人生其實和「虎穴」有點類似。一腳踏進雖然危險，但若不提起勇氣踏入虎穴焉得虎子。

人際交往也是如此，生意買賣也一樣，就連結婚、懷孕、生產，從某個觀點而言都是拼命的風險。如果感到畏懼不敢拿出賭金下注，雖然失去的東西較少，相對地獲得的也不多。以彩券而言，不買彩券的人根本不會中獎。

到了這樣的地步，只能在幻想的世界裡自我安慰。這正是妳所說的「妄想世界」。從中脫離所必要的乃是「從清水舞台往下跳」的勇氣而已。聽我這麼一說，令人以為世間多數人都是具有相當大的勇氣，這算什麼！那只不過是天生的鈍感，沒有勇氣也能心平氣和地與人交往罷了。像妳這種過於畏懼恥辱、失敗或被對方排斥的類型，若要拓展人際關係是需要相當大的勇氣。

但是，沒有任何訓練而想突然在對方面前口若懸河地滔滔不絕是不可能的，通常只會醜態百出。因此，我給您一個建議，妳不妨寫寫書信吧。娟秀的筆跡清新秀麗，所謂「以文會友」這是近年來少見的典雅玩意呢。

謹此給妳一些安慰及建議。敬上。

74 只有我不幸福

●洽談●

已經快三十歲，卻一直找不到對象，感到焦急恐慌。大家都與心愛的人過著幸福快樂的日子，唯獨我不被心上人青睞，反而有那些討厭的人糾纏，煩死人了。我並沒做什麼壞事，為什麼只有我無法擁有幸福。不僅被父母說在鄰居面前抬不起頭來，公司裡比我年紀輕的女孩也都一個個地結婚，而我還必須拿出一大筆費用給結婚洽談所，努力尋找對象，真的太悽慘了。怎麼會這樣呢？我心裡絕望極了。

（大阪・悽慘的女性）

診斷

千萬不要錯失好球

所謂「大家都和心愛的人過著幸福快樂的日子」，我覺得這種說法有點偏頗。這個社會並不是那麼順遂人意，雖然我們打算「和喜歡的人過著幸福快樂的日子」，但有許多結婚後入戶口不到二、三年，枕邊人像脫掉假面具露出猙獰面孔，而慘遭未曾想過的不幸。

越是整天認定自己不幸、不幸的人，往往覺得別人一定過得更幸福。即使妳沒有擁有幸福的婚姻，至少不會被不幸的婚姻所束縛吧。每次碰到這類洽談，不由得抱怨中、高中教科書上，為何沒有把異性鑑定法或婚姻奪標技術列為必修科目。不過，以現實生活中的性教育而言，因人才不足而無法確實實踐，乃令人徒嘆莫可奈何的現狀。

首先提到您說的「不被意中人青睞」，我想這只不過是一種奢望吧。因為，即使妳喜歡某一個人，對方也沒有義務必須愛上妳。

至於妳所說的「被討厭的人糾纏」，這表示妳也不是那麼差勁的人。只要能夠忍受其中某一個人，姑且不論幸福與否，至少在體面上，妳也將是「某某夫人」，懷裡還摟著一或兩個小孩呢。

其實啊，婚姻這種玩意兒和棒球的揮棒有點類似呢。看見投手投出第一個還不錯的好球，總認為「慢點，還有得瞧呢！」讓它一溜而過。接著，對方的投手投來一個誘導的壞球。你自然認為對方別有居心連瞧也不瞧。這麼一來變成一直球、一壞球。打擊者還有相當充裕的打擊機會，所以，接下來的好球也不揮棒，這可是一記變化球或快速直球，總之，是一個好球。到了這裡打擊者陷入窘狀。於是投手放寬心連投壞球。如果打者揮起球棒，也許揮棒落空或是高飛界外球，但如果錯過這個球則變成三好球出局。所以，仔細一想，才發覺第一記球才是最真實的球。啊，真可惜！

哎，就以此為教訓，寄望婚姻介紹所提高妳「撒下大把錢」的成果。

不過，幸福並非從婚姻獲得，而是從妳個人的意識上取得。

75 相親或單相思

●洽談●

目前有一件婚事正在考慮中。對方年長我六歲，和我有親戚關係。收入似乎安定，但我並不覺得有什麼魅力。相貌不好，我不想和他並肩走在街上。我早已過了適婚年齡，心想不能再錯過機會而曾經有一次約會。但是，其實我有一個暗戀中的人。我覺得他對我也有一點關心，但是，越喜歡越不敢接近，結果兩年的往來無法再持續下去。如果努力一點，像我這樣的人也能打開他的心房嗎？

（鳥取縣　希望匿名）

診斷

向暗戀中的人碰碰運氣

既然「並不覺得有什麼魅力」就取消這樁婚事。因為，不想和老公並肩走在街上倒無妨，但生下的孩子若像老公，日後恐怕也不想參與孩子的教學觀摩了。

更何況妳還有一個暗戀中的人。至少應該碰一下運氣。當面表白恐怕強人所難，不過，妳可以試著寫信，也許妳是害怕追求他卻被拒絕的打擊過大吧！但如果就此分手，且一再地告訴自己：「也許他並不討厭我」，這不等於另一種形式的自我滿足嗎？

而且，與其半途而廢，不如毅然地做出決定來。如果對方有反應，無異撿到便宜，若不行也許在一陣消沉落寞之後變得自暴自棄，結果加速目前的婚事吧。目前的婚事，姑且不論和老公並肩走在街上或孩子的教學觀摩，其實也不是那麼差勁的婚事。

做丈夫的白天幾乎都不在家，只要把房間的照明放暗，晚上回來後也看不太清楚他的容貌，儘量不要目不轉睛地盯著他看，即使一起外出，偶而佯裝「什麼！這個人？」的模樣，沒有人會認為妳們是對夫婦吧。至於兒女，如果有五、六人，其中應該會有一、兩個不太像老公的孩子，到那個時候就特別寵愛這個孩子吧。

看到我的分析，想必妳一定感到毛骨悚然，心想還是趕快給暗戀中的他寄封信吧。這就是妳的決斷。不，也許這是最後的機會。妳該不會認為喜歡他的女人，在全世界中只有自己一個吧。男女之間的感情有如自由市場，說不定已經有其他競爭者。一分一秒在所必爭。先下手為強。彷彿超級市場的限時特賣一樣。賣完就沒了。

快，漏失掉的魚才大呢！難道還是妳說「越喜歡越難以接近」的時候嗎？請想想賴藤尊師的曼德拉真言：「原本無望、原本無望、原本無望、萬事原本無望」。

這個世界唯有勇氣十足又厚顏無恥的女性才能佔得便宜。（不知為什麼，腦海中突然浮現我家那老太婆的臉龐。）

76

結婚的關鍵是什麽

●洽談●

今年二十七歲，某著名大學畢業後，在家鄉某公司服務。由於公司裡並沒有我喜歡的人，因而常利用相親結交異性朋友。雖然有幾個人對我有好感，但我一點也不為所動，拒絕了交往。而且，如果被並不喜歡的人積極追求，立即有退縮迴避的舉動。一般人常說把討厭的人除去，選擇不令妳討厭的人，這就是所謂的結婚對象嗎？同年紀的男性們會說：「不要倚賴相親，靜待自然產生的戀愛感覺」，但我覺得這是不在乎年齡持續增長的「男人理論」。結婚的關鍵到底是什麽？

（奈良市　希望匿名）

診斷

一切不都是「因緣際會」嗎

被妳這麽單刀直入地問：「結婚的關鍵是什麽？」我倒無言以對。

如果硬要單刀直入地回答，通常的情況應該是「因緣際會」吧。換言之，那是一種「偶發的邂逅」。也許當事者似乎拼命地認定「非這個人不可」，但縱然沒有遇見非此人不可的對象，同樣地也會對另外一個人拼命地緊追不捨。

總之，當事者所下的動機最重要。

以戀愛結婚而言，戀愛至上者的說詞是，不一定要結婚。不，甚至還有不結婚而一直持續戀愛關係較好的觀念。如果有人說「沒有戀愛的結婚是不純潔的！」那麼，大多數的我們都是因江戶時代、明治時代的不純潔婚姻而有今天。

而「想結婚」的動機中，隱藏著各種因素。隨意想來就有許多，如基於性慾、消除寂寞、社會體面、喜歡孩子、渴望離開娘家等等。請注意這裡並不包含「戀愛的完成」。結婚頂多是從法律上補強獨佔慾罷了，和戀愛的完成差距甚遠。至於戀愛或獨佔的完成，與其說是結婚毋寧是殉情吧。

因此，如果妳認為自己並無性慾也不寂寞，既不在意社會體面也不需要孩子更遑論離開娘家，就搞不懂為什麼一定要和別人一樣攪和結婚這種麻煩事呢？所剩餘的也許是東方人一貫秉持的「類同常人」志向吧。這樣的結婚可以命名為「我們也結婚」（We • too • marriage）。總之，不論那個因素最大，並不一定非得對方是某人不可。

結婚這種玩意兒，並不像書本上所寫、戲劇上所描述的那麼神聖、羅漫蒂克。說不定「結婚的關鍵」是一種心理上的放棄或斷念，這也不足為奇。結果是和現實的妥協。這有何不可呢？只要不是找到太差勁的對象，爾後的經過都大同小異。

也許所謂的「結婚高手」是擁有恰當地揣測對方的能力吧。

77 女兒不結婚

●洽談●

二十八歲的長女高中畢業後，擔任公司的會計事務員，晚上準備簿記一級的應考。剛開始的約定是，如果一級檢定及格就考慮結婚，但最近卻說最好一直保持現狀，和別人一起生活令人噁心等等。我本身離過兩次婚，和兩個女兒一起生活。女兒的父親喜愛拈花惹草，而第二任丈夫是性格偏差者。是否身邊看著這樣的男人，陷入對男性的不信任呢？正因為自己沒有辦法擁有正常的婚姻，多麼渴望女兒有幸福的婚姻。我該如何說服她？

（大阪　煩惱的母親）

診斷

想辦法讓娘家不好待

唉，唯獨這件事可不能像有血統證明書的狗或賽馬用的馬做交配的工作。想做的人周遭者會加以制止，而不想做的人周遭者也不熱心地遊說。

尤其是近年來，社會上已不再對適婚期多加渲染，同時，有意義地過單身時代的好處已廣為流傳。再加上不願意在日益遭受破壞的地球生育兒女，即使四十歲過後的高齡初產也不再危險而不必慌張，種種因素深植了「不出嫁也無所謂」症候群與日俱增的環境。在女性平均結婚年齡慢慢竄升之中，不知是因換算下來約有一百萬男性落單，或所謂的「不娶媳婦也無所謂」症候群，總之，男女雙方不再那麼期盼擁有家庭或生育子女。

無論如何，先進各國都面臨所謂的人口危機。在北歐利用優待單親媽媽或由國家援助育兒等方式來維持出生率。其中，還試圖將各種利誘或責罰制度化，如二十五歲以上的未婚者要繳單身稅或持續二十年的婚姻者可以獲得獎勵等等。若有人生了寶寶，會有市長的表揚獎狀，還獲得教育部贈送的書桌，以及宮內廳贈送的嬰兒服。

玩笑話暫且告一段落。至於令千金是否受不中用的親父或繼父的影響而抱定單身主義，我想這是因人而異吧。因為，有些女兒可能因此下定決心：「到我這一代一定要找更好的對象！」反之，也會出現認定其他年輕男人都不及格的女兒。不過，似乎有一個原則：「娘家的居住環境太好時，不論男女，婚姻都較晚」。

此外，還有其他各種說服的理由，例如結婚、育兒乃是個人成就或心理學的一項學習，從單身者的平均壽命較短的事實來看，結婚還是比較健康，或者一直保持單身會被認為變態等等，不過，這些都是事後勉強編出的理由，一點說服力也沒有。相反地，想辦法讓娘家或單身生活的環境變得不好，似乎還有一點效果。譬如，妳和「任何人都不願意在十公尺以內相處的男人」再婚、同居，或者每個月向待在娘家的女兒索取額外的飲食費、房租。在這種情況下雖然無法保證女兒會想結婚，但確實能讓她產生「放棄單身生活」的觀念。

78 成天喊累而不中用的丈夫

●洽談●

丈夫（五十）擔任某超級市場管理職之後已歷經五年。一開口就是一連串的「我累了」。這五年來完全沒有夜生活。而以往也都訴諸自我需求，未曾體恤我的感覺。我曾經和他溝通我的觀念及身體的感覺，但毫無效果。但是，他的錢包裡卻隨時放著保險套，還獨自一人欣賞情色錄影帶或看那類書籍。往後我是否該放棄慾念過生活呢？但我總覺得不甘心。乾脆離婚一個人快樂自在地生活較好嗎？

（大阪府　煩惱的妻子）

診斷　男人只要改變目標……

這個嘛，可能是因時機不好吧。流通業界的管理職是非常嚴酷的工作，而且，加上泡沫經濟的崩潰後，若要維持本身在公司的立場，的確是相當疲憊的。中年以後還有勞苦的負擔，身體再也無法任憑使喚。

但是，五年來一直保持「吃齋茹素」倒也奇怪。不可能毫無那種念頭，也許是自宅的家庭料理引不起興趣吧。換言之，因為慢性壓力使然，造成平常吃習慣的定餐已食之無味的狀態，可能產生若非他處的料理店或餐館則興趣缺缺的選擇無能。但是，對當事者而言，也不願因此而枯萎，於是轉而尋求某處的刺激或至少利用影像觀賞明星的美體做自家發電，這無非是尊夫婿所做的「初老抵抗」吧。

美國第三十任總統柯立茲有以下這段軼事。某次，總統夫婦到養雞場參觀時，據說招待員向總統夫人說明雄雞一天可以數次交配。夫人也許意有所指吧，回答說：「把這件事也告訴總統。」聽此傳言後的總統詢問：「那麼，雄雞對象一直是同一隻母雞嗎？」「不，總統，不，每次都是不同的對象。」總統不覺莞爾並命令招待員說：「把這件事傳達給總統夫人！」據說從此之後，一般人把男人只要改變目標即可奮戰到底的現象稱為「柯立茲效果」。不過，為了這位鼎鼎大名總統的名譽附帶一提的是，當時他是少見的清廉政治家，在任期間美國出現空前的好景氣，而且，也是位卸任爽快的好人物。

既然如此，倒也不是沒有辦法，妳不妨在化妝或服裝上做各種的改變，也可以像女明星一樣，做各種不同角色的演技。

這彷彿在家庭料理上添加餐廳主廚的菜單或各地的民族料理。

不過，令我掛意的是妳所說的「以往也是以自己的需求為主」的部份。果然如此，他是只顧自己而對別人漠不關心，在性方面專斷自為的少數男性。面對這樣的男人，妳只能從二擇一，其一是有生之年別奢望老公有任何回應，其二是斷然與之分手賭注第二春。

79 渴望和丈夫重修舊好

●洽談●

我們夫婦這兩年毫無性生活。約在三年前因為金錢鬧得幾乎離婚，分居五個月左右，爾後想重修舊好而在一起直到今日。重修舊好後的第二個月，有了睽違一年的夫婦關係，但從此沒有後續。即使我主動暗示，他也半帶玩笑地把話題岔開。以前我們有所爭執鬧僵時，我總是用不聞不問等方式跟丈夫賭氣，他似乎對這些事還懷恨在心。他曾說「我是城府極深的人，什麼都記得」。如果有丈夫的擁抱，至少還能過得愉快。我好寂寞。

（兵庫縣　四十歲）

診斷

從「互相逞強較勁」開始鬆綁

也有不少人大放厥詞：「那種事一點也不需要。」理由是「人生並不只有性」或「只要有愛，未必需要性」、「既然有孩子了，做這些事以生物學立場而言是精力的浪費」等等。這些一定是年老昏發或天生缺乏體力、冷感症、沒有對象，才會扯出這些狗屁理由。

誠然，「人活著不僅是為了麵包」，以今日的時勢而言，相當於「不僅是麵包、米飯、麵類及奶油、菜餚都需要」的意思。同樣地，人不只是為性而生活，但它和麵包一樣，有總比沒有好。不過，這倒是非常麻煩的一件事，如果對方和另一方的慾念不配合，似乎就沒有「做了的感覺」。非但如此，如果主動者是女性，而那個男人卻提不起興趣時，恐怕有物理上無法履行的難處。因此，於是到處可見所謂「性趣」不投合症候群或埋怨「對方太強」或「對方早洩」等性趣不平衡的伴侶。

但是，以妳的情況而言，妳還年輕，而彼此似乎有陷入「意氣之爭」的模式。所以，也許最好從這個癥結開始鬆綁。

所謂「意氣之爭」的模式，是某家庭裁判所調查員所命名的，它彷彿是「縱然自己蒙受損失，也要讓對方遭受更大的損失」這類互相扯後腿的心理作用。一旦陷入這個狀態，很難抽身而出。其中一方若非人格完整，又具耐性，隨即又被推入這團泥沼中。

根據妳原先的信函，妳先生每天晚上七點左右回家，是個認真篤實的人，似乎也不會在外頭「透透氣」。只是城府極深，也許每次拒絕妳的暗示時，內心某處正享受一點報復的快感吧。但是，這個時間也拖得太長了——。難道是上半身頑固，下半身淡泊嗎？如果顛倒過來不是很好。倒不如妳無條件投降，對丈夫兒女使出渾身服務的熱忱，而且從不埋怨，甚至樂陶陶的全心投入於興趣或活動中，對美容或流行服飾也專研講究，好好地享受人生吧。如果對方因此稍有改變，正得您心，若不為所動，妳的生活必也充實不已！

80 不能性生活的女兒、女婿

●洽談●

女兒今年結婚。但是，據說無法性生活。將近一年暗自忍耐，似乎煩惱著是否該離婚。據女兒所言，她的婆婆約一星期來一次，為的只是想看兒子的臉、聽聽他的聲音。我想他們母子分不開的情形也許是原因之一。女兒說女婿早上七點出門，晚上十二點才回家，據說其間一個人待在家裡都快發瘋了。而每次和女婿談這個話題，他也只是沉默不語。我不知是否該和親家母討論這件事。

（大阪　希望匿名）

診斷

如果性格令人討厭也可考慮離婚

常聽人說，現代的年輕男性中有越來越多人出現所謂的「新婚不適應」。在市中心開業掛牌泌尿科或心理諮詢，也許陸陸續續有不少青年人前來應診。說不定古時候也有這類情況，只是女方成天以淚洗面或男方顧及體面而未前往應診吧。筆者就職於大學附屬醫院時，在門診處偶而會碰到這類病歷，但並不特別多。不過，當事者或周遭人對這類問題通常密而不宣，因此，暗數（不搬上抬面的例子）應相當多。

這種情況甚至被命名為「成田離婚」（搭飛機度國外蜜月須到成田機場之故）或「新婚不能」，有人說這是戰後女性處於優勢的上位或賣春防止法的副作用。但是，從最近女性的冷感症佔約一成左右的事實看來，男性出現性無能也不足為奇吧。因為，並非每一個人都必須是精力充沛的人。尤其是母子分離不夠充分的「嬌生慣養的大少爺」的確較常出現這類情況。

根據筆者所接觸的病歷，記憶中結果通常是在親家之間互相推卸責任的形式收場。例如，「你家的兒子不行吧？」「說什麼話！你家的女兒可能是個花癡！」其中甚至還有人極力要求開立「對方異常」的診斷書。當然，對方則要求給他一張「毫無異常」的證明書。

最好的解決法是，年輕夫婦在性以外的部份（譬如人性）結合，二人同心協力治療性無能。但是，泰半的老公都臨陣脫逃或碰到妻子咄咄逼人時，卻把自己的無能束之高閣企圖抹滅，而對妻子反駁說：「難道妳是為了這種事而結婚嗎？」那麽，到底是為了這個以外的什麼事而大費周章地搞結婚這玩意呢？

總之，因為這些事情而在性格方面也感到厭倦時，結果只有離婚一條路。

不過，和親家討論這件事也無妨吧。如果對方始終表現護己的態度，請妳覺悟並無起死回生之法。任何事最重要的是防範於未然。即使有點不道德，婚前最好能彼此確認對方的生理機能，同時，請特別注意母子連體的男性及父女連體的女性。

81 夫婦生活令人痛苦

●洽談●

丈夫（六十九）、我（六十五）結婚三十九年，平平凡凡地過生活。三個孩子都已各立門戶，目前是兩老的生活。造成我感到痛苦的原因是，一個月有五、六次被強迫履行夫婦生活。我們並沒有特定的興趣，也沒有出外旅行。目前全靠養老金生活，我希望擁有自己的世界，譬如，清靜地讀讀書等，但那件事令我困擾不已。我個人在精神上毫無那種慾望。但是，又不能過度拒絕，因丈夫隨即發牢騷。

（和歌山　老妻）

診斷

最好的策略是破壞氣氛

本欄最有趣的是，有人說媳婦心懷鬼胎，隨即又有人控訴婆婆欺人太甚。而碰到有人哀怨年輕男人性衰不舉時，又有人哭訴老太爺舉動過多令人傷腦筋。

接著，就來談談老年人的性。根據我模糊的記憶，在美國有配偶的六十～七十歲層的人，性生活約每月一～三次吧。比外表還有幹勁。事實上和小生相差無幾，令人頹喪。唉，此事到此為止。

統計數字中必須留意的是，平均值終歸是平均值。一定有參差不齊的地方，同樣是高齡者，從已完全枯萎到每晚可能赴戰場的豪放者，林林總總不一而足，而貴府的老太爺只是比平均值偏高而已。

十多年前，曾經有一位老太婆前來筆者的診療室說：「老公每晚需求無度，令人煩惱。有無使其衰弱的藥物？」真是人上有人。當然，確實有使性慾減退的藥物，但這種減退不針對局部而是全身，我記得當時我給那位老婦一些睡眠誘導劑，讓他的老公能早點入睡。如此一來，不論是自己服用或對方吞服，情況多少能夠改善吧。也許我應該給那位老太婆一帖返老回春的藥吧。不過，不論當時或現在並無那麽便利的藥。

動物的行動原理中有所謂的「某種行為能體驗快感或迴避不快時，這種行為即成癖性」。也有說人的性行為幾乎是依存在幻想印象上。既然如此，若要減低對方的頻率，只要讓他感覺做此事也無樂趣，或阻撓其幻想使其掃興，從道理而言應該會漸漸減少性行為。

即使不得不應付，也要表現自己毫無興趣的樣子，譬如，途中開始閱讀小說或記載翌日的購物明細、哼唱著歌、剪指甲等等，不妨如此試試看。

總之，破壞氣氛似乎是最佳戰略。但是，「並無特殊興趣」的尊翁，在老後必須獨自面對「年老」或「死亡」這些人生的最後界限，因此，多少也令人可憐。所以，儘可能一個月一次，不如每月二十號那天，當做是不破壞氣氛日，二人一起「昇天」不也令人莞爾。

82

對女兒的新婚生活感到不安

●洽談●

我因剛結婚的女兒（二十八）的問題找您商量。女兒在衆人的祝福下於一個月前結婚，為結婚而辭職時還有周遭許多人投以欣羨的眼光。對方今年三十二歲，是戀愛結婚。但是，他們似乎沒有性生活。女兒也許是怕我擔心而不明講，但為此耿耿於懷的模樣歷歷在目，我覺得非常可憐。女兒似乎為女婿準備便當。在家裡平常也鮮少交談。我的老公在兩年前也去世了，對於男人的心理可能也有一些不太清楚的地方。

（大阪・堺市　希望匿名）

診斷

「性緻勃勃」才是男人本性

日本大約在江戶時代，有個叫池大雅的人吧，據說婚後一直沒有性生活，經過數年後被某人提醒才確實履行。他似乎不知道有那麼一回事。要是這種情況還無所謂，但令千金可不一樣吧。因為，江戶時代的環境及一般的藝術家都是相當灑脫的。若在現代可能被當做性無能或類似的狀況。這有兩個種類，其一是雖有性慾卻因心理壓抑過強而踩煞車，另一是根本連性衝動也沒有。若是後者，就治不了了。

這似乎是無性生理而非所謂的男性心理了。

不要嫌我說話粗魯，其實大半的年輕男人，只要有機會，根本不管時間、場所或對象，立即享受才是他們的真性情。只有少部份細心而敏感的男人，才會舉出一大堆理由推拖，諸如「這種時間這樣的場所，面對這樣的對象根本提不起興趣」。不過，現代青年似乎有越來越多這類好惡過於激烈的人。

但是，我認為「性緻勃勃」才是男人本來的天性。

所謂的愛情、信賴或情緒等，這類性的裝飾品根本是奢侈浪費。這和空腹時已顧不及那種品牌的食器、料理擺設如何、美不美味，全部囫圇吞棗的道理是一樣的。

因此，妳必須強迫令千金為未來漫長人生，做出從二擇一的決斷。

如果死心塌地的被對方的人品所吸引，就當做進入尼姑庵一樣，覺悟一生持續著「沒有性生活的夫婦」（譬如，與因病而無法行房的丈夫過著圓滿生活的妻子，在世界上高達上百上千）。一旦想要兒女，必須領養其他的兒童。反之，一心渴望治癒對方的性無能，必須二人連袂一起接受治療。相對地，對方的人格並無太大魅力時，趁早與之分手。

從上述兩個選擇中做出一項決斷。

並非其中某個選擇較好，答案是因人而異。蘇格拉底曾說：「結婚也後悔，不結婚也後悔。」同樣的，「離婚也後悔，不離婚也後悔。」這就是人。

83

希望清心寡慾度過餘生的妻子

●洽談●

丈夫（七十）、我（六十六）這對老夫老妻，在性生活方面有極大的困擾。我從五十歲層後半段開始，已經陷入儘可能避免這些接觸的心境，但總不得不配合對方。丈夫是頑固的人。老年人身體健康舉止瀟灑確是可喜的事。但是，逕自揮灑個人本能上的慾望，難道是現今的風潮嗎？而到寺廟拜拜、栽種盆栽，清心寡慾走完餘生的老人，已成昨日世界了嗎？夫妻如果已相依相伴四十年，在性方面倒希望也能有所謂的屆齡退休。

（兵庫縣　希望匿名）

診斷

需要與供給一致非常罕見

這個嘛，請您就當做是茶餘飯後的閒聊吧。

大約在二十年前，在有點鄉下的綜合醫院擔任外科醫師。妳問是誰嗎？當然指的是我，那是在當精神科醫師之前的經歷。

那時候我曾聽說，某個玩具店的老先生，堪稱精力絕倫。提起玩具店，令人心情稍感愉快吧。總之，這位老先生像飯前飯後睡前服藥一般，他的夫人可真難為。據說縱然是大白天，也會突然從店裡奔馳回家。好像也有小孩，也許在緊要關頭叫他們到戶外玩吧。不過，倒沒有聽說鬧離婚。

這樣的人年老之後會如何呢？是否像柏青哥的最後一顆彈珠用完了一樣嘎然而止呢？或者天生體質使然，即使到古稀之年仍精力旺盛呢？話雖如此，有些人從新婚之夜就一蹶不振了。這時也會令對方困擾。也許需要與供給能達成一致乃屬罕見吧。

自古以來傳說人的一生當中，約有八千零八次行房經驗，但這是在人生五十年的時代，又是飲食生活全是醬菜、泡菜、泡飯的年代。而且，所謂的平均值通常是多數的平均，其中也有掛零或高達五萬次以上者。

這和體質或荷爾蒙也有關係，但是，縱然是年輕人，只要生性淡泊那事自然淡泊。而年紀大的人，神經及荷爾蒙應該趨於老化才對，可見精力強盛者是無關年齡的。也許是基於想確認自己是個「男人」或「女人」，甚至自己的印象或自我幻想的動機吧。而且，從當做是對「年老」或「死亡」欲振乏力的抵抗也能窺見一斑。

總之，不論是那一種情況，身為對象者倒是個災難。夫婦如果能同樣地日漸衰微，是最恰當不過的，但無可避免的是個人差異。尤其是男人若不早先枯萎，老妻會大受困擾（但太早枯萎，也許會令中年妻煩惱）。如果不讓尊翁喝點酒或吃安眠藥，是無法安然入睡。也許根本的解決法是，我認為老人的性也許該賦予一個「必要的人供其所需」的環境。

而妻子可利用注射女性荷爾蒙或潤滑劑等方法，請妳不妨找婦產科的醫師洽談。

84

難道沒有永遠的愛情？

●洽談●

結婚七年，有一個五歲的可愛女兒。大約從半年前開始，丈夫的態度突然變得陌生，在我的逼問之下竟然回答：「對妳已經厭倦了。」還說他是B型人，一頭熱時還好，一旦不感興趣時隨即變得冷淡。不過，在家裡非常體貼，也經常幫忙做家事。我在這七年裡一直深愛著丈夫。我們曾經發誓海枯石爛此情不渝，難道世界上已經不存在永遠之愛了嗎？而我是否有一天也會對丈夫產生厭倦呢？一想到今後數十年要和丈夫過著沒有愛情的生活，心裡就感到悲傷。

（大阪•被厭倦的妻子）

診斷

讓愛情更臻成熟才是真正的婚姻

妳這位老公可真老實啊！

竟然說：「對妳感到厭倦了！」我也很想這麼露骨地向老太婆說一次。不過，婚後十八年再說這樣的話，對方恐怕是嗤之以鼻吧。因為，她的回答一定是：「我也一樣啊！」

也許B型人只是非常老實，而非他所說的容易厭倦吧。

但是，面對已經厭倦的人仍然堅守本份，「非常體貼、也常幫忙做家事。」在現今的社會可是相當罕見的誠實啊！其實妳是出人意外地擁有幸運的人呢！

「永遠之愛」這只不過是文學上的表現罷了。第一，我們生物都有壽命，而人即使有八十年或一百五十年的愛，從理論上來看，根本不可能有「永遠之愛」。建議妳看一看海倫・費夏的『愛為何終止？』（草思社）

當然，並不清楚妳是否有一天也會「厭倦」對方。每個人各有其「愛情的欣賞期限」，有些人頗能持久不腐。一般而言，男性的愛情經過數年後，很容易產生傷痕，而女性的愛情從數日即腐爛到保證百年不悔，寬幅極大。

您似乎擔心沒有愛情的夫妻生活，其實人的生活即使有完美結構，一旦經過十年、二十年後也會發生「情感轉移」。這是和年輕時候華而不實的愛情或戀情所不同的一種情愛或稱為同志愛，換言之，有如友情般的感覺。而它必須花一段漫長的歲月孕育成熟。「因為不再有愛情而揮手」這乃是美國式的短路現象，讓恰似荷爾蒙產物的腥臭愛情，在彼此共同生活中慢慢給予變質，才是真正的婚姻。

這和發酵有點類似。在甜糖裡放入麴粉浸泡後就變成酒精。然後放在酒罐裡數年使其熟釀。如此則完成一壺濃郁的名酒。不過，也有可能因培育不足而造成腐爛或變成醋。

總而言之，讓「愛情」發酵而轉變成「情愛」的過程非常重要。這同時也表示，即使沒有愛情並無問題。也許您的丈夫老早已從「愛情」畢業，開始做轉移入「情愛」的準備。否則，早就有婚外情或常在外投宿了。

這麼一想這可是件難得的寶物啊——您的老公。

第八章 性格的煩惱、夢診斷

85 自卑感的化身

●洽談●

我是一名在醫療事務專科學校上學的十九歲女性。雖然樸素又拘謹小心，但卻是那個化妝濃豔、舉止動作表現過度的X•YOSHIKI的歌迷。不過，現實生活中的我反應遲鈍，對自己帶有自卑感，置身在感覺周遭冷淡眼光的慢性壓力中。事實上我的腦筋不好。但是，也無特定的興趣，一旦心生自卑就躲起來睡覺。這是惡性循環。如此既無法結交朋友，也不能改善人際關係，要領又差，工作自然辦事不力。而我只希望能夠擁有一般人的水準。

（堆雪人）

診斷

把隱藏著的優點活用在現實生活上

根據某項調查，人在年輕時，解除壓力的方法男女有別。男人是藉由酒精，女人則是聊天。但話雖如此，年老之後，男女不約而同地選擇「睡覺」做為消除壓力的第一方法。也許是因為男人身體日漸衰弱，無法再喝，而女人的交際範圍縮小不再與人談話吧。因此，心裡感到鬱悶時，為了忘卻現實只好棉被一蓋睡覺了事。

這種情況，和短時間死亡沒有兩樣。這豈不有點寂寞？榮格心理學家的擅長把戲是，指出多數樸素而嚴謹的人，內心深處其實隱藏著非常奢侈、瀟灑的興趣或願望。妳瞧，我們不是常看見頭髮蓬鬆、氣概十足的青年暗地卻喜歡插花，或者平常舉止優雅的千金，一旦戴起太陽眼鏡而心血來潮時，還會狂野地叫著：「幹！」（不常見嗎？）

根據榮格所言，適切地綜合彼此相反的兩種傾向，讓它們能夠活用在實際生活中，似乎是人生後半期的課題。所以，妳不妨也把自己隱藏著的另一面，反映在令妳畏懼的現實生活中。譬如，「模仿」超動感派的X，如果妳並非行動派的人，或者也能暗地穿著豔麗撩人的內衣，或在背部貼張大紅牡丹的貼紙。總該有點什麼吧。如果不試試看，只一味地說：「我是不中用的人。」絕對沒有人會幫助妳的。

妳說自己「其實腦筋不好」？這倒有可能。不過，臉蛋美麗或肌膚白皙、聲音悅人、柳腰豐腿，沒有什麼特點嗎？鐵定是不可能有什麼特點。而妳也一再地哀嘆自己「遲鈍」或「落伍」，但反過來說，這無非是仔細、確實、謹慎的態度吧。雖然「反應遲鈍」，卻會因此而牢牢地記住吧？而妳說「要領也差」，這不也表示妳是非常忠厚老實的人嗎？

等一等，妳該不會是只挑自己的壞毛病而藉此感到安心吧？世界上偶而也有這種興趣的人。這樣是無法擁有幸福的喔！趁這個機會改變一下心態吧。試著找找自己的優點。

從前，我的患者中有一個一事無成的人，但是，某天看到她的背影，竟然有令人想撲上前去親吻的美麗景象。當然，我並沒有撲向前去親吻呢！

86 害怕和別人說話

●洽談●

二十三歲單身，目前正在求職中。從前就不擅長處理人際關係，至今也沒有稱得上朋友的人。學校畢業後曾經轉職三次，其原因都是人際關係造成。我有對人恐懼症，和別人說話時會因緊張而僵硬，若在衆人之前，更陷入不知所云的狀態。不論身處何處，總在意別人的視線，甚至忘了自己做了什麽。如此造成工作不力也是理所當然吧。我擔心再這樣下去，恐怕無法回歸社會也不能結婚。我想找到改變現狀的契機。

（大阪・堺市　T小姐）

診斷

親身體驗失敗也會被原諒的事實

當然，我想這是對人恐懼症。

這原本是會害怕的人才會產生的現象。但是，並非所有會害怕的人都有這種現象。從小為了減低緊張，極力避免敞開心胸和別人打成一片的人，很容易在青春期之後染患。而且，內心深處帶有不服輸或非常厭惡在衆人前失敗、出醜，好勝心強的人似乎常見這種情況。

而有助於改善自己畏懼部份的方法，可利用全身的鬆弛練習或服用鎮靜劑。也能利用運動鍛鍊身體使自己產生自信，或克服拘謹的一面。從前，也有人利用苦刑或測驗膽量等修行試圖矯正自己的氣質。

而如何改善從幼兒期所缺乏的臨場經驗呢？只能慢慢讓自己習慣於與人相處的現場，一點一滴習得對人關係的技巧。其中有階段性的適應。首先是利用打零工擔任商店的賣場或櫃台工作員，其次是在二、三人的事務所工作，最後則從事待客、營業、服務性業務。過去二十多年來的經驗不足，若想慢慢回復也不能一步登天。

最後是如何面對失敗、出醜的恐懼。

即使在人際關係上並不太能幹的人，如果沒有對這類出醜或失敗的過敏性，縱然有些挫折與失敗，也能安然地過生活。這就表示社會上對於經常演出的小失敗或醜態，都能大方地給予寬恕。若要親身去體驗這個事實，到底還需要經常體驗出醜與失敗，從而確實地體驗到，不會因此被人唾棄或被判處死刑。

結果，對於為自己的個性或社會適應問題而煩惱的人，只能階段性地利用當事者原本不擅長而一直逃避的各種試驗來矯正。如果您還表示拒絕，所幸還有一個相當便利的風俗是「相親」。只要活用這個體制，還是可以輕易地擁有婚姻。因為，既無需戀愛技法及求愛秘招，周遭者也會替你們湊合安排。在妳走上紅毯那一端之後，整天待在家裡忙著家事與育兒，藉此好歹也能度過一生。

87

話說得不好

●洽談●

三十歲的已婚男性。從十歲左右起就因口吃而困擾。曾經在多處的矯正所進行治療，可能我的努力不足也有關係吧，都沒有產生好效果。尤其是尾音「一」的語句都發不好。獨處時不會有口吃的現象，甚至口齒流暢至令自己不可思議的程度。因此，我覺得精神上的問題是最大要因。如何才能在自己想表達的時候有最漂亮的表現法呢？

（和歌山　S男士）

診斷

倒是不必刻意在言辭上做表現

當我們自覺有某種缺失時，總有一種偏頗的反應：「自己以外的他人一定過得更幸福。」並且，認定自己是世界上最不幸運的人。同時還覺得：「只要能解決這個問題，一定能夠擁有幸福。」

譬如，貧窮人以為自己以外的他人都是生活富裕。不擅長交際者，則推測社交家一定在人際圈游刃有餘。

同樣地，口吃或不擅長說話者，常覺得別人不費吹灰之力而順口成章、口若懸河地「在適當的場合說適當的話語」，自己卻為什麼？因而感到憤憤不平。但是，即使口若懸河地滔滔不絕，說話的當中必須注意涉及的內容。恐怕說溜了嘴話多一句，甚至比不說話更容易樹敵。換言之，千萬不要期待口吃改善之後，你的人生就是彩色的。

當然，正如你所指正的，你的問題只是在他人前說話才會出現症狀，恐怕是出自心理上的原因。只要心理產生變化應該可以治癒。說不定你也不太清楚自己以往的心理吧。

譬如，「好好地說話、說得正確！」諸如這般過度的努力，或者「千萬不要令對方感到奇怪」。這種心理作用下而顯得過度緊張。其實，縱然沒有口吃的人，只要心裡想著這些問題開口說話，也會數次打螺絲。相反地，放寬心來擺出一副「反正我不擅長說話，不妨慢慢一字一句地說，只要把必要和最低限度的內容傳達給對方就好了。此外的事項可在事後用書信來表達。」這樣的態度下反而能使話語輕易地出口。

心理治療的技法中，也有只是患者：「儘可能地把話說得亂七八糟」。如果認真地依這個指示來訓練，可能治癒口吃的症狀。這稱為治療的逆說，是讓患者練習與以往數十年來所持續的「好好地說話」的相反心理，矯正發音上的錯失。

筆者也為了減少演講的邀約，努力把話說得笨拙，但並沒有減少別人請求演講。一定是我演講的不錯吧。這個社會是非常諷刺的。

88 一事無成的我

●洽談●

三十一歲，結婚十年，有一個孩子。每次去打零工，都和大家處不來，工作也常出錯，同事們似乎常說我的壞話，使得我在職場總是心驚膽跳。這種壓力造成我反覆過食、拒食，夫婦生活也漸漸失調。對家事及老公都感到厭倦，我們暫且分居生活。丈夫回到自己的家，會寄生活費給我。工作既不滿意，也無法克盡妻子、母親的職務，但我覺得如果辭去工作情況將更糟糕，我已經不知道自己該怎麼生活。（奈良縣　希望匿名）

診斷

讓家事及育兒都成有給制

其實，妳也不是那麼壞的人哪！因為，壞人絕不會責備自己。當然，他們面對警察或在法庭上會佯裝中規中矩的模樣，而在現實生活上卻抱怨是別人作怪、時不我與。總之，一切的不順利都嫁禍給別人。

不過，光是責備自己，只表示不是壞人，卻也不是好人。雖然不是壞人，但利用反覆責備自己不中用，以結果而言是藉此推卸責任。從某個觀點來看，算是一種蠻橫行為。如果任何人光憑向大衆宣稱：「我是個不中用的人。」而能免除繁複的職務，天下沒有比它更好的事。這種行為如果廣為宣傳，全世界不就變成到處是「自己不中用」的宣言嗎？主婦藉機把家事撇在一邊，不再有人照顧生下來的孩子，也沒有人願意支付稅款，總之，變得無法無天。當妳的先生一旦察覺這個事實，必定立即斷絕供養生活費。妳先生支付生活費並非因為「樂趣」，而是一種「義務」。

妳不是因為處理家事、照料老公「已不再有趣」而不想幹了嗎？其實，這些事物無關「有不有趣」的問題，而是總該有人去做。「有趣才做、無趣就不做」，這種行為能夠獲得允許，只有四、五歲以前的幼兒吧。當然，妳不應辭掉工作。一般而言，戶外的工作可賺取零用錢，很難辭去。相較下，家事或育兒的工作，好像是沒有酬勞的勞動。如果妳認為「外頭的工作條件好可以持續」，也許可以把家事或育兒變成有給制。

伊里伊基這位學者把主婦的工作命名為「Shadow・work（影子工作）」在書上大筆疾書家事無酬勞的不合理。同時，十年左右之前，有一份報告指出，主婦處理家事的月薪相當於日幣十五萬元。現在可能更多，恐怕還超過丈夫的收入。

有些人在做每件事情如果沒有獲得報酬則失去幹勁，好像野生動物自然公園裡的鯱（想像中的動作）一樣。如果妳也是這種類型，也許向妳的先生錙銖必較的要求「做家事多少錢、育兒多少錢」，說不定是使妳回復信心的最短距離。

89 非常厭惡個性彆扭的自己

●洽談●

二十七歲的單身女性。非常討厭自己的性格，我認真地想過，如果給周遭者再添更大的麻煩，不如死了算了。我雖然從事教育相關的工作，但往往熱心過度，意見過多而招來反感。看見別人失敗或無所事事的模樣時，心裡會覺得煩躁不已。這一生大概不會有男性會喜歡這樣的我吧。有一段時期我也努力想要捨棄認為自己不中用而彆扭的想法，但當使出渾身力氣之後反而陷入消沉。

（大阪　A小姐）

診斷

利用適合自己的療法，踏上改變人格的旅途吧

一般自稱討厭自己性格的人，「那麼只要矯正即可」。或者妳會回答：「因為改正不了才傷腦筋。該怎麼做才能矯正呢？」如此一問，通常的回答是「努力去矯正」或「盡力修養」等等，只是這類效率非常差的常識性努力罷了，或者根本未曾實行過具體的對策。

一般人常說「本性難移」。基本性格的確無法改正。譬如，腦筋的靈敏度、敏感或精力

，在老化進行之前並沒有太大的改變。但是，日常中各種言行舉止，倒很意外地容易產生變化。換言之，性格的表層會隨當事者產生相當變化，而只要表層產生變化，即能大大改善人際關係或社會的適應性。

尤其是熱切渴望「改變自己」的人，舉凡高掛精神分析、心理諮詢、行動療法、認知療法、森田療法、集團治療，總之，標榜「促進人格成長、改善行動」看板的地方，隨處都可以使患者有某種程度的變化。問題是有許多人告訴自己「還不至於走上那個地步」或「做那些治療也無濟於事」，根本不願意踏出尋求變化的第一步。一般人以為「某某療法」一定是針對某個真正的疾病，反過來說，對於「真正的疾病」並沒太大的療效。倒是對於幾近健康的人，或者渴望精益求精的奇特人士有極大的效果。

有些治療方法是，對於自問為何那麼賣命？倚賴周遭人等問題，並不做「因性格使然」的回答，而是探討所隱藏在患者心中的真面貌或原因。另外，也有階段性指導，使平常言行舉止、反應產生變化的訓練治療。有些雖掛牌為「療法」，但內容卻幾近於宗教性的修行。建議妳找一個適合自己的治療法，朝改變人格的旅途出發。反正，改不過來也沒什麼損失。

「這一生大概不會有男人喜歡我。」這種說詞也奇怪，就連性格爛得一蹋糊塗的人也有愛人，而且，「被愛」不在前而是「去愛」先有之。人生還有比努力或勝利更重要的東西。這我就不告訴妳了，它是超越教育的問題，必須自己探討。

90 變成可以說NO的人

●洽談●

我希望自己能夠變成下面的性格。①NO的時候說NO。②不被他人的言語左右。③不要在意芝麻蒜皮小事。④積極地生活。我在旁人眼中是開朗、堅強的人，但是，其實我是非常罕見的小心眼的人。這種性質帶來災禍，隨著長男的出生而變成憂鬱症。每天感到慵懶無力。老師，請你救救我。

（大阪府　二十八歲）

診斷

訓練不要傷害到任何人的說謊技巧

日本武將織田信長曾用「大氣者」一詞來批評秀吉。看來，這個語詞還挺有歷史的。它是所謂小心眼的相反詞。妳似乎想改變性格變成大氣者。但是，這倒是妳應思考的地方。接著為您解說。

首先，放棄「NO時說NO」。為什麼？因為，它過於露骨而不通情理，給人留下不好印象。尤其在日本。不過，始終扮演著「一直不敢向別人拒絕請求，凡事承擔而形成重擔」

的角色，乃造成憂鬱症的源頭。

因此，請妳練習如何在NO的時候回答「不是YES。」譬如，「啊，對不起！那天剛好要帶孩子去健診。」或「不好意思，祖母病危。」

總之，坦白說是訓練自己可以一再地說出不會傷害到任何人的謊話。如此恐怕傷害數次自家的祖父母，但他們應已升天成佛了吧。

「不被他人的言詞左右」這一點可難了。而「不要在意芝麻蒜皮小事」也是無理強求。這一點筆者經過將近半個世紀的個人試驗，終究不可能。人本來就是「被他人的言詞左右，對無聊蒜皮小事耿耿於懷」。因此，建議妳嘗試人為的自我分裂。換言之，塑造另一個能夠冷眼旁觀「被他人的言詞左右、掛意芝麻蒜皮小事的自己」的另一個自己。「哎呀哎呀，這個我呀！還被那種事情搞得團團轉，鑽入死胡同裡了。」架構一個從更高的位置俯瞰自己的自己。心理諮詢或精神分析上非常重視「自覺」，而這個方法重要的是「架構」。

「積極地生活」這一點就容易了。難道妳未曾發覺嗎？事實上妳已經過著積極的生活。也許妳覺得：「應該過得更積極，希望變成那樣」，事實上任何人都沒有辦法超越妳過得更「積極」。許多人都是故作景氣狀，而妳只是被他們「左右」，而「在意」自己的生活方式不夠充分。

「請救救我！」小姐，我既不是神仙也非救世主，您這麼說我可為難了。

91 如果那個時候……

●洽談●

十八歲的女大學生。我有一個不好的習性，常在無意識中想著：「如果那個時候那樣的話……。」我自已也覺得不好。譬如，腦中會想起讀高中時一個人走在暗巷裡，於是閃過一個念頭：「如果那個時候被變態或壞人強拉進車子裡……。」也會想到讀大學時看見行跡可疑的汽車而感到不安的情形，隨即就會陷入「如果……」的思考模式。一想到未來及育兒的問題，心裡就忐忑不已。早上睡覺起來，也經常有一股不安佔據心頭。我該怎麼辦？

（大阪市　希望匿名）

診斷

「遭遇災難時，正是遭遇災難的時候」

這是一種強迫觀念吧。

換言之，並非出自本意的觀念或印象「強迫性」的湧現。以疾病來談，一般的強迫精神症的症狀，並不像妳這般五花八門。幾乎是好幾次在心中浮現類似的內容。因此，還不至於是神經症吧。勉強說，也許可命名為印象操勞症。

從某個觀點而言，妳比一般的人更具現實性。的確，「如果那個時候被變態強行拉走」

後果應是不堪設想。這個社會或人的一生，只是因為我們撇開注意力而能安然處之，否則，回想起來是危險重重的。多數人只是從心裡排除那些可能性，才能安然生活。特別幸運的人終其一生才能避免大災難，而妳或筆者最好覺悟到可能會有數次「遭殃」的情況。

但是，即使腦海中一再地思考：「如果，那時候」或「也許有一天」，也無法從災難中免疫。不論想、不想，來的時候還是會來。這就是災難。

那麼，我們該怎麼辦？艮寬和尚曾寫道：「遭遇災難時，正是遭遇災難的時候」。換句話說，焦慮難安、事前操勞、事後悔恨也於事無補。不論有無這類疑慮或擔憂，災難還是會降臨，所以，胡思亂想只會造成損失。

如果妳說道理雖明白仍會猜想，這恐怕已經是興趣的問題了。

既然什麼事都會胡思亂想，請妳儘可能地去想像最恐怖、最壞的可能性。「被強拉進汽車內」，發現裡頭有數隻拿著電器鋸刀怪物或小型的肉食恐龍。「就連未來的事情也擔心」若是如此還有比育兒更恐怖的事情，請發揮妳想像力的極限儘情地想像吧。然後，請妳比較它們和實際發生在妳身上的事實。

啊，妳竟然是生逢吉辰呢！

92

女婿的行動異常

●洽談●

我為女婿（二十九）的問題，找您洽談。他和父親不和，已經十幾年未曾回家，最近有許多超越常理的行動，令我們感到困擾。平常是善良又體貼的人，但發起怒來，就連深夜也把女兒趕出家外。女兒離家出走後，回到娘家，女婿從此一再地惡言挑釁、威脅。他似乎在孩提時期受到父親相當嚴重的暴力對待，我覺得小時的懷恨可能以這種奇妙的型態表露出來。他讓女兒帶著呼叫器給予監視，當女兒想脫逃，隨即緊跟前來寸步不離。

（大阪　困惑的母親）

診斷

狠下心來即能儘早決斷

雖有老調重談之嫌，但令千金抽獎的運勢似乎不佳啊！

我家也有兩個女兒，唯獨這個抽籤運（婚姻）令人擔憂。我還有兩個兒子，其中一個可能在未來會被某位抽籤運較差的女兒選中吧。

性格異常或人格障礙有許多不同類型，如果包含症狀輕微者，全部人口中將近兩成幾乎都算在內，所以，大約五人中有一人出現異常。不，事實上已存在著各式各樣的怪人。異常恐懼或懦弱、極端潔癖、喬扮女裝為興趣、病態的說謊等。只因媒婆說「是個優秀的周轉人」而結婚，或以為是金融企業家，結果竟是個債台高築的男人。

所幸，人的一生不只抽一次籤，可以連續抽好幾次。有些人數次後終於抽中一個正點的對象而穩定下來。而有些人連連受挫，於是打消念頭：「每個人都差不多，就決定這個吧。」好不容易從像貴府那位忽而動粗忽而獻殷勤，或糾纏不休的丈夫脫身而出，打算找一個不同類型當做「下一個男人會更好」，卻碰到一個對任何事漠不關心、毫無感動、有氣無力的人，結果又出現另外一種煩惱。

雖說可能源自「承受父親暴力對待的埋怨」，但可能只是本質上和父親類似而已，或可能是他的父親被他的冥頑不靈搞得焦頭爛額罷了。與其揣測造成他如此行徑的原因，不如擬定如何避免被害的對策才是當務之急吧。

最可喜的作法是，令千金磨練自己到任何地方都能自立更生的信心與能力。若是如此，如果能和娘家也斷絕音訊，獨自到九州或北海道甚至洛杉磯消聲匿跡三年以上，不就可以脫離魔掌嗎？不，如果不採取這般極端的方法，是無法應付那麼極端的對象。多數人無法如此斷然下定決心，拖拖拉拉經過數十年，如此則性格異常者也邁入老年而不再引人矚目，也許總算可以回復安穩的日子。由此可見，原則上狠下心來即能儘早下定決心，如果選擇安逸的因應之道，時間將越拖越長。

93 緊張的性格造成對婚事的不安

●洽談●

三十二歲的上班族。這個年齡是思考結婚問題的時期，但我沒有朋友，這一點令我非常擔心。如果喜宴上沒有任何人參加，一定會令父母非常難堪。同時，即使找對象相親，這件事也可能造成婚事破裂的可能。我是個性格嚴謹、寡言、沒有興趣，缺點一大堆的人。與人相處時容易緊張，無法開懷地與人交談。今後是否可藉由加入信仰、興趣或讀書會等社團來結交朋友？但是，我並沒有成功的自信。（大阪市　煩惱的單身漢）

診斷

一再相親，屢次獻醜、失敗

性格上的「拘謹、寡言、沒有興趣」就是缺點嗎？有許多穿金戴銀的父母、姑娘們打著燈籠找尋這樣的人呢！因為，這遠比「不認真、饒舌、玩樂高手」既安全又實惠吧。

您說「藉由加入信仰或興趣、讀書會的團體建立友誼」，現今就有一些一涉足就無法脫身的恐怖社團喔！但是，如果是公司的社團或同好會、地區性的公民館活動之類的社團，倒可以放心吧！

即使在那些集團中仍無法結交朋友，喜宴這種玩意也可以避免。只要在夏威夷或馬爾地夫等地的教堂舉行婚禮且一併蜜月旅行，不就解決問題了？這麼一來可以免除讓你的父母出醜的尷尬。回國後利用學校的畢業名冊，找出幾個適當的朋友，遞出已經結婚的通知函。

至於相親，我並不認為沒有朋友是致命要害。這原比身邊有一群狐朋狗黨或前任女友糾纏不清來得好。不過，請覺悟你的個性和那些手腳伶俐、能言善道的男性相較下，婚事的成功率減低許多（不過，現今的社會，那些嘴巴特別機伶的男性，恐怕不會相親吧！）

因此，你應該接連再三地相親。建議你一開始就向對方宣稱：「我個性懦弱，過度緊張而不能談笑風聲。」這些話只要在相親的前一天或之前面對鏡子，反覆數次練習即能脫口而出。如果對方能夠相信，也許認為你是個老實人，縱然不相信，也會高估你是個謙遜者。

其中有人看你說話呑呑吐吐的模樣，而覺得你是個純情男人，甚至有些女性會誤解這是一種幽默。當然，也有女性看你是個好欺負的人，趁勢擺出一副「言行唯我是聽」的模樣，說不定出人意外地你是個搶手貨呢！

總之，把它當成笨拙射擊訓練，向相親次數的記錄挑戰。「在人際關係上會緊張的性格」，這乃是過度畏懼出醜或失敗而造成。治療上最好的方法是，好幾次刻意地體驗出醜與失敗。它會使人習慣。我們從人際關係中鮮少緊張的人，無數次經歷出醜與失敗即可得到證明。因此，相親也是非常棒的治療，難得的機會應該儘量從中體驗出醜與失敗。

94

過度執著的主婦

●洽談●

三十五歲的主婦。我對每件事都非常執著，尤其是一天的生活如果沒有完全依照時間表來進行則無法釋懷。老公已經無法忍耐這樣的生活而回到夫家。在食物上不論是蔬菜、肉品、魚類，如果清楚其原形則無法接受，而且，深夜會吃兩大盤蔬菜，待清楚明白它的味道後隨即嘔吐出來。平常有種種的忍耐，因此，吃變成唯一的興趣。丈夫認為造成我這樣的身體是他的責任，所以，即使分居也不離婚，仍然給我生活費。我明白已經令周遭人感到擔憂，但我卻莫可奈何。

（奈良縣　K女士）

診斷

「水太清魚不住」

這是強迫性人格。根據妳的信函，連用餐、洗澡也有固定的時間表，難怪妳的老公會要求「請讓我回娘家」。

根據巴爾茲曼這位學者的研究，這種性格基本上無法信賴這個世界，似乎意圖憑自己的力量孤軍奮鬥以維持秩序。就像妳一樣，不能信賴市面上的食品，若非來路清楚的素材即無法接受。但是，「瞭解原形的東西」這在現今社會可不能相信啊！以魚類來說，是在油漬污染的海洋捕獲，而遠洋的物品則是被丟進骯髒的冷凍庫運送而來。在暢銷書『墨非定律』這本書中，出現這樣一句話，「法律和香腸，最好不要看它的製造過程」。

其實，筆者也不太信任這個世界。和妳強迫性格者的差異點是，能否接受世界與命運都靠不住的事實。走進餐廳點叫料理，店裡的廚師也許沒有洗手就動手做了。但這也無妨。既沒有感染霍亂的跡象，肚子裡多少附著大腸菌也沒有病原性。而且，如果是一再造成食物中毒的餐飲店，應該已經被迫歇業了。

於是，筆者不論是大腸菌或手上的污垢，一切帶著「清濁並吞」的心態，大口大口地飽嚐料理。相反地，這反而能增加對雜菌的抵抗力而有益健康。正如俗諺所言：「水太清魚不住」。

最好的治療法是，帶著從清水舞台往下跳的心態，持續逆向療法。訓練用手抓排泄物以對抗不潔恐懼感，用零亂沒有章法的生活對抗依時間表行事的習慣，力行大口吞食裝滿著食品添加物或合成保存劑、蚯蚓肉的叢林食物。換言之，帶著趕死隊的決心硬撐過來。

如果一生不改強迫性格，彷佛是活在地獄一樣，倒不如帶著自殺的覺悟，徹底執行不乾淨、不規則、不衛生的生活。持續數年之後，令人訝異的是也不會死去。如果妳執意主張自己辦不到，只有在妳的壽命結束之前，活在強迫地獄之中。

95 夢中出現的女性朋友

●洽談●

二十九歲單身女性。四年前開始經營的生意也進入軌道，收入增加，生活變得無憂無慮的現在，反而常做些奇妙的夢。那是和小學時代交情非常好的女同學一起生活的夢（夢中兩人都是大人）。我無法忘記那個夢。她已經搬家，國三之前還有書信往返，其後已音訊全無。我曾在書信上因男女交往的事情提起性的問題，而她沒有回信。做夢之後很想見她。難道我是變態嗎？

（大阪市　希望匿名）

診斷

「思慕的朋友」就讓她住在「思慕中」

說奇怪是奇怪，說不奇怪也不奇怪。

這個社會非常奇妙，瀰漫著一種如果不是普通一般人的情況則難以釋懷的氣氛。因此，若和他人稍有不同，則極力修正軌道以便同化。人間社會似乎喜歡大小齊整的規格品。

如果妳已經結婚並有三個孩子，即使偶而夢見昔日朋友也隨即忘記，約僅只五分鐘沉浸於懷念的思緒中，接著就埋頭在趕緊送孩子上保育園的準備了。

同時，即使仍處目前的境遇但經營動向變得危懼、四處為資金籌措或開拓銷路而奔走時，一定也只是短暫的「懷舊淚流」。

所以，結論可以說是不必放在心上，但是，難得精神科醫師為您作答，因此，多少來談論一下夢的問題。

以佛洛依德學派的方式解讀，這是慾求不滿的表現，不過，如果是佛洛依德派的說法，夢中不論出現蘿蔔或貓、湯匙，全都被認定是慾求不滿的表現。因此，絕對不可太信以為真。其次，以榮格學派來解讀，則是為世俗生活忙得不可開交的最近數年內，妳被壓抑在內心一角的懷舊情緒，藉由夢的形式提出警告。

如此寫來，一定偏袒榮格的說法吧。不錯，榮格的女性擁護者可多著呢！

所以，首先不妨閱讀幾本榮格的著作。他也不會造成妳嚴重的傷害。

其次，現實的問題是，把夢中的她封鎖在「回憶」中。因為，現實中的她，目前應該已有家室，每天過著接送小孩送保育園的日子。即使偶而夢見妳，也因埋沒在幸福的日常生活中而隨即忘卻。

「思慕中的母親」通常一旦找到真人，反而令人退避三舍。同樣地，「思慕中的朋友」只能永遠讓她住在「思慕」中。

話說回來，男人就不行嗎？五個男人中至少還有一個不錯的對象啊！

96 因做夢而呻吟

●洽談●

二十九歲的主婦。從十多年前的學生時代開始，常會做夢而呻吟。夢的內容是出現一名家人（兄弟、父母、丈夫）和我產生爭執，通常是我立即暴怒，而我則被自己的怒吼聲驚醒。多麼希望是安詳的夢境，日常生活上並沒有糾紛，為何會做這樣的夢？是否該找專科醫師問診？

（大阪市　K女士）

診斷

也許是隱藏中的憤怒在夢中尋求發洩口

找專科醫師問診各有利弊。

首先，專科醫師有兩種，多數認為這是對日常生活不會產生障礙的煩惱而一笑置之，最後則以「沒問題，不用擔心，拿藥去吧」結束的醫師。而有部份是眼睛炯炯發亮，有如挖寶似的追根究底詢問每日夢境的醫師。

兩者各有是非。因為，他們是對夢太不關心的專家與過度關心的專家。夢雖非毫無意義，卻也不是人生中最重要的事。不過，如果接連數次都做同一個夢，這也許是對妳有某種訊息的傳達，說不定是身體失調或隱藏在身體內的問題點。既然持續十年以上，大概是後者吧。

持續十幾年，我想其間妳一定沒有體會夢所傳達訊息的涵義，仍然嚴守自己的生活方式吧。

傳統上對於攻擊性或憤怒的夢，解釋為對某人無法紓發內在的鬱悶，只好由夢來代理。如果妳是和平主義者，未曾和人吵架，雖然有某些微妙的不滿卻從未對他人有失禮的情況，就是隱藏中的憤怒在夢中尋求發洩口。

不過，並非所有一切都能用這麼單純的圖示來釐清。因為，有許多在日常生活中具有攻擊性且「發洩鬱悶」的人，也會做吵架的夢。

所以，根據妳的生活與性格，給您的建議是不一樣的。

如果妳是壓抑自我，凡事忍耐的和平主義者，請妳略有自我主張或朝「放膽說出想說的話」的方向做形象的改變。而平常自我極強，屬於好戰人品的人，仍然覺得不滿足時也會做夢。所以，請妳認定它有益精神衛生，想辦法在今天晚上和某個人對戰一下。也許可能性比前者較強。我倒掛意妳所說的「日常生活上並無糾紛」。

如果那是壓抑自我避免衝突的一種和平，憤怒會鬱積在妳的內心深處，結果變成夢呈現出來。請試著和某個人大吵大鬧，再觀察當天晚上做了什麼夢。

97 被追逐的夢

●洽談●

結婚七年，有三個孩子的三十歲主婦。最近，我非常掛意自己做的夢。約從一年前左右開始，常做被某種東西緊追而顯得急迫的夢。並非被狗等追逐，而是匆忙的想要掩飾什麼而時時刻刻逼近。彷彿是被發現會被逮捕、落榜或被責備、殺害等恐懼感，睡醒來感覺非常疲憊。我家是與公婆同住，平時幫忙處理家業，在生下次男的一年半左右之前，曾經因為家事、育兒與工作身心俱疲，有短暫的憂鬱狀態。這種現象在免除幫忙處理家裡工作之後是否能轉好？

（京都府　希望匿名）

診斷

慢慢根植懶惰感

對於夢的內容，在科學上並沒有太多的瞭解。只不過在臨床上、經驗上從佛洛依德的精神分析或榮格心理學對夢的內容有各種不同解釋。

曾有辭典指出夢中的大陽傘或拐杖代表男性性器；中庭或池塘意味女性。總之，這是把外凸事物和男性、內凹事物和女性結合一起所做的解釋。其實，這個社會多半是由外凸與內凹的事物所架構（例外的大概是平台的東西，不過，這和床聯想在一起也不無可能），結果任何夢的內容，都變成性慾求不滿的表現。不論是「被追逐」或「渴望被追逐」，據說都暗示著潛在願望。

總算在最近做這種牽強解釋的專家漸漸少了。不過，既然曾經數次做過令人不安的夢，也有可能是傳達妳的立場或心理上有某種危機的訊息。

根據筆者的診斷，這恐怕是憂鬱狀態的後遺現象，或和潛在性的罪責感有關。妳可能是具有強烈責任感的優等生，對周遭的風評極為敏感吧？因此，對夫家常花心思，家事、育兒、家業若沒有萬全的處理則無法允許自己的人吧。這種人和婆婆之間的關係近乎不自然的圓滿，而且，容易因為過度勞動而陷入憂鬱狀態。

一旦陷入憂鬱狀態，周遭會留意而想辦法免除責任。但這又令妳不安，當妳的心裏某處潛伏著「對不起」或「沒有克盡職務」的愧疚時，它變型為「被追逐的夢」也不足為奇。

因此，今後一點一滴的根植「這樣就好了，自己只要做家事與育兒就足夠了。不要在大小處花心思了」這類懶惰感，不安的夢出現的頻率一定會漸漸減少。

請立志成為一個厚臉皮的歐巴桑。而且，只要把不安表現並封藏在夢中，一般而言倒可以避免現實上的破綻。

98 不能做夢

●洽談●

十六歲的少女。今年我只做二、三次夢。而且，在六、七、八的三個月裡未曾做過一次夢。我想做夢，如何才能做夢呢？做夢是否有固定的時間？平常我早上六點起床，晚上十點就寢。有時常會在深夜一點或兩點醒來。

（兵庫縣　匿名少女）

診斷

嘗試各種功夫

我非常非常歡迎這類洽談。內容既不太嚴重又有點可愛，而且是日常上的問題。

其實，有許多人從來沒有做過夢。

如果持續測試這種人夜間的腦波，發現腦中確實有一個類似睡眠時球會滾動的狀態，稱為REM睡眠期（急速眼球運動期）。據說在這個時期搖醒睡覺者，可以比較淸楚地說出夢中的內容。但是，到了早晨醒來再詢問，多半已不復記憶。

換言之，夢是容易遺忘的。原則上REM睡眠在清晨較多。這表示清晨睡醒時努力去回想，應該較容易記憶起來。

因此，接受心理治療的人中，必須瞭解夢中內容。有人特地在枕邊放筆記本，養成一睡醒立即做記錄的習慣。

做這種準備仍然沒有任何印象的人也有。這種人或許沒有必要做夢，也可能是處於沒有必要回想夢境的心理或體質的人。

若是如此，也不必焦急著要做夢吧。而且，夢通常無法順遂己意，經常也有因做夢呻吟或令人事後不舒服的內容。並非做了夢就有好處。倒是沒有睡覺的時候，自己可以天馬行空的享受幻想的白日夢。這對精神衛生不挺好的嗎？

如果妳執意想做真的夢，建議妳花功夫試著改變自己的睡眠狀態，而藥物千萬避免。因為，它容易抑制REM睡眠。

其次是試著早睡或熬夜。睡前看連續劇或閱讀小說較好？或一個鐘頭無所事事只茫然的坐著較好呢？談戀愛較有效？失戀後常做夢？枕頭下放七福神的圖畫會奏效？刺激穴道的健康用具放在背部較有效？總之，凡事都嘗試看看。

第九章 如何生活？

99 厭倦貌合神離的夫婦關係

●洽談●

這還是未來的事，但我想當十八歲最小的兒子結婚後，打算和丈夫（五十二）離婚重新開始第二個人生。我和長男的好友談論此事時，他們認為到時候再說，態度略微否定。去年我不經意地向丈夫表白時，他只說：「沒想到會從妳的口中說出離婚這個字眼。」我幾番思索這句話，只覺得那是自我本位的表現。帶著假面具的生活無法持久。單身的朋友告訴我：「一個人很寂寞喔！」但是，反正人死的時候都是孤家寡人吧？

（大阪府　M女士）

診斷

離婚後的好與壞五五波

原先的信函寫著：「您該不會回答說這是將來的事情，目前無需考慮吧？」被您搶先將了一軍。既然您這麼寫，我就是鬧彆扭也要做不同的回答。

所以，雖然是未來的事情，現在就來考慮吧。

大約數十年前，著名心理學家兼作家的林髞博士，提倡人生二度結婚說。以男性的立場而言，最理想的是年輕時第一次和年紀較大的女人結合的初婚，第二次則是和老婆死別之後，與年輕的女人再婚。而女性的立場則是，年輕時和有錢的老太爺結婚，對方死後拿到遺產，再物色年輕的男人。確實也有極少數有這麼理想的二度婚姻，但多數人都在年輕時候和年紀相仿的另一半結婚。爾後二人持續數十年的甘苦，猛一回神雙方都已進入中年初老期，而一直以來讓夫婦雙方無法深思婚姻為何的兒女也漸漸長大獨立。結果，自己到底為何而活？果真誠實地為自己生活嗎？這類深刻的疑問漸漸湧現出來。尤其是中年以後，許多人會從住院生活等日常瑣事抽身而出，反省自己的過來路。

但是，泰半的人會從腦海裡驅逐這個根本問題，重回日常生活裡。這乃是大家通常沒有「對自己誠實」地生活，所以，後悔的種子隨處可尋，而一一為此懊悔的日子，將會惹來疾病。

為何我們一直沒有「對自己誠實」「不戴假面具」生活呢？因為這是風險少而安逸的生活方式。若不能覺悟將落得貧乏、孤獨或牢獄之災，是無法脫掉假面具。

當然，不論戴著或脫掉假面具，誠如妳所言，人死的時候是孤家寡人的。夫婦兒女或親戚朋友一起死亡，乃是集體殉情，而且，那只是每個個體輪流著死去而已，雖是在同時間同地點死亡，卻非「一心同體」。

因此，妳的一生是妳自己的。離婚也無妨。沒有人會制止。相信未來的日子是比現在更好或更悽慘，以五五波的比率等候著妳。

100 空有虛殼的夫婦

●洽談●

我是一名三十三歲的主婦，嫁做商人婦已經七年。白天幫忙公婆的商店，夜晚回到鄰近的自宅才能喘一口氣的生活。但是，和一起生活的丈夫，彼此感情已經冷卻到極點，形同同居人關係，已經有三年以上沒有夫婦生活。在工作上被奴役般地差使，維持著體面上的夫婦關係。到底我是為什麼而活？但是，一旦想起獨生子，由於對方在經濟上處於優勢，令我無法拿定主意離家出走。提起勇氣一個人走出這個家庭是先決條件嗎？或者為了孩子像個死人一般留在原處生活？

（兵庫縣・尼崎市　S・A）

診斷

出走在充分的斡旋與準備之後

三十三歲是女人的大厄年，還有人說這是因為它隱藏著「接二連三遭逢歹運」的意思。女性進入三十歲層，的確有各種不同的試煉。所以，經過這時期之後，多數的女性也練就一身功夫，成為強悍有力、糾纏不休、厚顏無恥的歐巴桑族。可喜可賀、可喜可賀。問題是在此之前要想辦法熬過來。

熬過來的秘訣是擁有目的意識。但妳似乎認定被夫家所利用，夫婦關係也冷卻到極點，未來並沒有任何希望，這就是困難所在。您說：「為了孩子像死人一般……」，試想在行屍走肉般的母親教養下，孩子會快樂嗎？對兒女而言，被養育的過程中有父母做過大犧牲並不太好。至於您說的「提起勇氣一個人離開家庭」，這在理法上是自然的表現，但實際上卻有極大的出入。

換言之，「一個人離家出走」並非出自「提起勇氣」，只是耐力不夠或離家所奔赴的地方有所倚靠而已。所以，若要離家出走，並非卯足勇氣，而是看是否已經到了忍耐的界限，或者離家出走後的居住地是否已經準備妥當，這才是先決條件。

不過，我倒贊成先「離家出走」一次，看看夫家的反應。如果妳只是被當做一塊輪替用的農田，或被看成廉價勞工來利用，大概已經沒有利用價值，而不會因妳的出走大肆喧譁，即使重返舊巢也不會改善妳的待遇。相反地，妳還因此留下「放棄孩子離家出走的任性媳婦」的前科。但是，對妳而言，幾乎沒有什麼損失吧。若非如此，當他們發現妳不在而大傷腦筋時，多少在待遇上將獲得改善。後者就是賺到了。

在戰前或戰後二十年左右，像妳這種情況的主婦為數甚多，而最近已大量減少。因此，妳的不滿頗能了解。沒有人會去責難捨棄家庭、丈夫與兒女為求「自我實現」的人。

不過，這是否是真的「自我實現」？至少在沒有充分的斡旋與準備工作之前，倒不建議妳有離家出走的大行動。

101 所有一切都無聊極了

●洽談●

二十八歲的專業主婦。相親結婚，有一個十一個月大的男孩。在轉勤族的家庭長大的我，無法適應夫家重視家鄉特有體面之家風。而且，和婆婆完全合不來，只要想起過去的種種，每天即陷入消沉。無法專心讀書，也不能到想去的學校而感到挫折。在大學專攻教育學，又利用通信教育取得醫療事務的資格，卻無法活用在工作上。同時，沒有戀愛就結婚，卻又愛上在婚禮首次見面的丈夫的好友，竟然還遞出情書。一想到自己竟然是這麼寒酸而無聊的人，就覺得可憐。

（岡山　M女士）

診斷

不必為求道而拼死幹活

其實原先的信函，份量之大有如一部長篇小說。四十張四百字稿紙的大文章。硬把它濃縮下來，則是從小學開始是個小心、認真、努力不懈的人，但一旦遭遇挫折就陷入煩惱而消沉，好不容易從中抽身而出，又遇到另外的問題，如此反覆不停的類型。因此，又沮喪地認為：「自己確實不中用」，每天只為過去而懊悔。

但是，這位讀者的經歷中，如果只撿拾具體的事實，還是和多數人一樣，「好事壞事、聰明糊塗，各佔一半」。即使目前反覆再三地寫著煩惱或大吐苦水，但能夠完成這麼龐大「作品」的精力卻是了不起。

因此，根本的問題在於「忽視人生中好的部份，只注意壞的部份」這個點上。最近頗為推崇認知療法、認知行動療法、論理情動療法。

不，如果把這種類型看成「只是不擅長處理人生的各個場所，或負面思考湧現時的處理不當」，只要訓練行動療法的對人技術或思考中斷法以提高適應能力，即可提升「自我效力感」。

但這是極表面的作法，根本無法解決問題。如果妳認為「唯有凝視人生的不如意或實存的空虛，退卻自我這個重擔，或只能皈依拯救罪孽深重的自己的超越者」，也許可藉助各種宗教（自力或他力）或利用性格倒錯療法。

也有人認為不用再囉囉嗦嗦提這類麻煩事，總之，「鬱悶時呑抗憂鬱藥，不安緊張或感到壓力時則取用鎮靜劑以熬過難關，人生只要退後一步不就海闊天空？」若是這樣的立場，任何精神科醫師、心療內科醫師都綽綽有餘。

以上隨便例舉，就有這麼多選擇的方法。但不知各地是否都有這類機構，妳問我倒也傷腦筋。若是較大型的書店，應該有介紹各種醫療類型的書籍。

不過，不要過於求道而拼死幹活。因為，任何一種流派其最終極意乃「不要拼死幹活」。

102 讓人予取予求

●洽談●

四十八歲，一直以來被人予取予求的主婦。順從父母、侍奉丈夫。人間社會似乎是弱肉強食，如果沒有自己的想法則落入對方的掌握中。我希望能多少擁有自己。譬如，畫畫、種種花。人到底是如何掌握幸福呢？難道還有我未曾見識的事物嗎？最近有一件自己確實努力後而深受感動的經驗，那種滿足感非常強烈。幸與不幸彷彿是糾纏在一起的繩索……。你可以瞭解我想說的事嗎？想請教你平凡人保護自己的分寸。

（大阪・枚方市　M女士）

診斷

對自己保持距離

這個投函主題有些分散，令人「頗難了解」。不過，我大概瞭解妳的意思。原先的信函寫著：「四十八歲的抵抗」。內容大約是：我的人生這樣就好了嗎？有時覺得好，有時卻覺得是抹殺自己。

總之，「人間五十年、下天之中」即使露出本性也不會遭受天罰吧。我們輕易地說五十年，其實相當半個世紀。每天吃三餐，如此過了半世紀。把排泄出來的東西累積起來，將累積成一座山。換言之，我們活得非常長。只要過了半世紀，不論爾後七十年或九十年，已大同小異。因此，雖然平均壽命延長，但生活過得較新鮮的頂多四、五十年，不論古今，人生實質上是五十年。後面像是多餘的或附贈一樣。半世紀相當於反省期。我們在人生的前半段，因為天生條件或家庭環境、教養、教育及命運，整型手術成各自的性格與生活方式，然後在塵世中翻滾。因此，已不復記得原先的容貌。因此，在人生後半段抱有「這樣就好嗎？」疑問的人，有可能是被過度整型了。他們渴望真面目能復活。

本來是個藝術家卻四十年來扮演助產婦角色，或原本是宜室宜家的人，卻抱獨身當職業女性或一直扮演演藝人員。如此一來若要回復原本的容貌，只有在人生後半段。從現在開始也不遲。

至於「保護自己的分寸」，這只有對自己保持距離別無他法。譬如，碰到野狗時，與其露出本意驚慌地叫：「哎喲！嚇死人！」不如以旁觀者的態度來看：「哈哈，我竟然被盯哨了。好像挺危險的。」如此反而不會陷入恐慌。

據說良質的幽默乃源自能夠保持距離的充裕感。不論是貧乏、恥辱、憎惡，甚至疾病或死亡，只要養成與自己保持距離來觀望的習慣，也許很容易熬過難關，同時，人生也變得更有意義。

103 賜給小心的生活智慧

●洽談●

無能的英語講師。經常被一群令人想看看父母是何方神聖的小混混的言行舉止所傷害，多餘的說明造成順口溜出不當的語詞，每天陷入自我厭惡中。有一次，雖然略有錯誤，但豁開來一想：這些傢伙大概沒有察覺，找個機會再掩飾吧。從此之後他的壓力似乎減低了一些。但是，道理雖明白卻無法停止焦慮。人似乎是想看看不得的東西，想想想不得的東西的生物。請給這位小心眼的人一些智慧吧。（和歌山　煩惱的男人）

診斷

效法生活與壓力無緣的人

這位英語老師似乎時常陷入道德的進退維谷，給自己灌輸嚴苛的基準而搞得身心俱疲。於是，由於筆者對本欄是抱著這樣的宗旨：「算了，不必如此勃然大怒，適可而止吧！人生沒什麼好計較的。」而這位讀者看了我的說法覺得大為輕鬆。據說因此而想寄一封「激勵的信函」。

當事者既然這麼說應該錯不了，但把對方當做「無能又小心眼的人」來作答，恐怕有失偏差，但暫且就這麼辦吧。

若要減輕壓力，應該仔細而認真地觀察周遭，效法生活上與壓力無緣的人。醫師或心理學家的說詞並不足以參考。主要原因是，這些專家每日所面對的全是壓力受害者，對於這一生絕不會煩勞他們插手的「強悍的人」是一無所知。

生活與壓力無緣的人，第一個條件是「不拿自己和別人比較」。所以，鮮少被優越感或自卑感所束縛。

其次，片刻也不能忘記「空氣與水及食物為基本」的原理。他們確實地體驗除此之外的所有一切只不過是人身上的附屬品，因此，即使擁有也泰然處之，失去也坦然面對。最好，對於社會上所通行的常識一概抱持存疑的態度。內心並不確信「必須如此」或「不應該是那樣」之類的道理。因此，和罪惡感或自我厭惡也無緣。

從某個觀點而言，對周遭的評價是遲鈍的。他們坦然地擺出這樣的態度：「不論他人怎麼看待，也不會死亡或受牢獄之災」。如此一來，高學歷、出人頭地、蓄財萬貫恐怕是無理強求囉？但「縱然取得天下也是一天吃三頓飯」。

從大宇宙往下瞭望，頂著大壓力在生活上汲汲營營求取功名的成功者的一生，以及逍遙自在有如觀光旅行卻一事無成的懶散者的一生，同樣都像是兩隻螞蟻一樣。

104 女兒出嫁後覺得寂寞

●洽談●

女兒不顧父母反對而結婚已經三年。我彷彿是最心愛且重要的東西落地破碎，情緒浮游，整個人都變了。極端避免與人接觸，連談話、碰面都不願意。我曾試著在信仰中尋求慰藉，但心情一直無法舒坦。女兒不僅從此不見蹤影，連姓氏也被消除。如果我先離開人間，女兒日後是否也能和我葬在同一個墓地呢？我的心亂如麻。連買一件五佰元左右的女襯衫都不自由的婚姻，善良的女兒也許被心靈控制了。（岡山　寂寞的母親）

診斷

親子分離、男女結合

通常的男女戀愛，似乎是彼此控制對方的心靈。為什麼那麼優秀的人，竟然和那麼乏善可陳的人結合呢？像這類令人百思不解的組合可多的是。那一定是中了荷爾蒙或心理方面的詐欺師的圈套。而且，也許是婚後不久解除心靈控制，有許多人彷彿如夢初醒般的懊悔：「咦！這麼和這樣的人生活在一起？當時的我一定是頭殼壞了——。」

兒女們一個個像這個模式從娘家飛奔而出，不也是莫可奈何的事嗎？這就是成長，前方被某個異性所牽引，後方則有荷爾蒙的擠壓而離巢獨立。如果是動物，有許多種類是由父母主動將適齡的兒女逐出巢窩，兒女到達那個時期也渴望離巢獨立。自然讓一切萬物可喜可賀，唯獨人永遠緊抓著兒女不放，兒女也一直纏繞在父母身邊。這似乎是違背天理呢！

難道妳執意不肯讓兒女離開身邊，於是在各種戀愛或婚事上從中做梗，並向女兒吹噓：「男人個個都是野狼！」結果女兒一直雲英未嫁，變成老小姐、老太婆，妳果真想讓妳的家庭變成老太婆二人組嗎？如果妳並無此意，而是想找一個適合您的標準，人品極其溫馴的女婿來招贅，其實，這個社會已明明白白的呈現出凡事可不是那麼順遂人意的。

像古時候人人貧窮、繁忙而壽命也短，子女也有七、八個的時候，父母的愛情越濃厚越好吧。因為，再怎麼濃厚也無法變成母子連體，也不會過保護或過干涉。凡事恰到好處。但是，當生活漸漸寬裕且壽命拉長，兒女只有一、兩人時，把緊抓著兒女不放當做生活意義的父母們已出現病態。持續這樣的關係後，兒女會出現病態，反之，正常成長離開父母之後，孤單守著家裡的父母則變病態。

我不知妳尋求何種宗教做為慰藉，本來，印度佛教認為如膠似膝之愛是一種「饑渴之愛」，把它當成最壞的敵人。不過，在古印度對於性愛非常珍重，甚至還有指導書。換言之，執著不行、性愛可行。

如果做成標語，則是「親子分離、男女結合」。

105 精疲力倦而可悲的媳婦

●洽談●

我從小就有一副好臉蛋與身材，在二十五歲結婚之前，享受著我一生中最美好的春天。但是，此後的人生則被認為是不考慮對方心情、口不遮攔、令人厭倦的媳婦，三十七年來過著悲苦的生活。侍奉一個有戀母情結的丈夫讓我吃盡苦頭，我曾經一頭栽進宗教，或把全副精神賭注在育兒上，而婆婆從不和我妥協。在成年人的世界裡也有被排斥之感。目前已過六十大關，長期來的交戰已令我精疲力倦。請告訴我心平氣和過生活的方法。

（大阪府　希望匿名）

診斷

暫且遠離激戰地，喘一口氣之後……

這場交戰的確令人疲倦。但是，交戰的對象應該也耗盡體力而相當虛弱吧。

戰鬥的人很容易疑心暗鬼，總覺得即使自己已放下武器，對方應該仍存有戰意。尤其是一直以來保持勝況且撓勇善戰的人，反而畏懼對方的反動。但是，也不可能完全根除對方，因此，當自己覺得疲倦之時已相當勞累。

妳不妨暫且保持距離儲備戰力。洗溫泉或出國旅行，暫且一個人生活也不壞。

當您充分地回復英氣時，是否還有意一決勝負乃是今後人生的分歧點。如果身心已恢復順暢卻不再像以前有滿腹鬥志時，「戰鬥的人生」終於落幕了。這樣的場合無需給您特別的建議。只要保持那樣的狀態，周遭也認為「那個人的戰力已耗盡」而不再前來挑釁，自己面對從前必勃然大怒的事情也不太生氣了。換言之，只要順其自然地生活。每天一定過著安詳平安的日子。

但是，在您回復元氣之後，仍然像年輕時候一樣，看對方不順眼，覺得這個令妳作嘔而鬥志昂揚，情況就像是尚未輪到柏青哥裡的最後一顆彈珠。這時硬要妳擬定安詳的生活也無濟於事。因為，戰鬥的人可以從任何細微末節中找機會而展開戰火。這和嗜酒如命者會利用各種藉口或找出各種機會飲酒的情形類似。

在您還殘存著交戰的因緣時，如果封鎖戰火則失去宣洩口，讓身體因此而失調反而是不智之舉。所以，今後請妳仍然持續著「戰鬥的晚年」。如此交戰下去，婆婆應該會先走一步吧。不過，敵人既有丈夫也有媳婦，沒有任何不自由。

總之，為了試驗妳的心中是否早已沒有這一生以來的戰意，或仍然殘存鬥志，建議妳暫且離開激戰地，至少花一個月，儘可能三個月的時光在後方過著逍遙的生活。

106 過去的錯誤變成重擔

●洽談●

我是一個已經七十二歲的老太婆，心中有一個無法向丈夫及任何人表白的秘密。三十歲時，我是兩個男孩的母親，但有次被在火車上碰見的鄰座男人誘拐，途中下車到旅館，當時正處受孕期而有些擔心，結果不出所料珠胎暗結。當時因體力旺盛造成墮胎無效而生育下來。我曾經帶那個孩子去見那個男人一面，卻碰到對方不愉快的眼神，此後未曾見面。我的伯母也生了一個不知父親是誰的孩子，由祖父母撫養長大，我覺得其中似乎有些因緣相關。

（廣島縣　一名主婦）

診斷

把秘密帶進棺材裡

任何人在一生中多多少少都有幾個秘密。身體健康而生活又有諸多繁雜的事物時，即使隱藏著一些秘密也可以正常地生活，無需找人告白。但是，變得脆弱或對人生感到疲倦時，秘密反而變成重擔。因此，很想找人告白減輕這個重負。

但是，對被人硬塞過來一個「重負」的人而言，卻是一種災難。好像是玩樸克牌遊戲時抽到了鬼牌。更何況是聽聞妻子的外遇，或有一個孩子的父親不是自己，身為丈夫者那將是

「情何以堪」吧。何其傻瓜、何其可憐。縱然可能因年老之後而對這種事不引以為意，仍然是不告知來得好。生活中帶著秘密，且必須把它埋葬到墓場，的確是心裡的重擔。但是，這彷佛是妳的過失的一種報應，請妳務必忍耐把它封鎖在自己心中。絕對不可忍不住找人告白或留下遺書。請把它帶到棺材裡內。這就是所謂的「贖罪」。

當然，如果妳的丈夫也非省油的燈，說不定也因此向妳表白：「原來妳也一樣啊！其實我本來一直不敢說，外頭也有一個私生子。」如此互相扯平，乃可喜之事。但是，通常有外遇的妻子的老公多半是踏實的人，而有外遇的老公的妻子則常見貞潔之女。

若說是「因緣」也有可能。這好像是一種好色的血緣，可能是難以敵擋誘惑，或容易被壞男人吸引，甚至可說是被要求而不敢說不的爛好人。

正因為世間偶而可見這樣的女性，讓那些狡猾的男性有一些甜頭吃。真是豈有此理，但只要有冤大頭，壞人則有生存的餘地。

總之，妳是在報紙上表白了。請妳就當做因此而被寬恕吧。天主教有告解的儀式，從前的淨土真宗則有所謂的身家調查。換言之，這是把自己過去的問題向某個毫無關係的人告白，藉此減輕重擔。

但是，話說回來，從前的火車可真令人嘆為觀止！因為，不但有獵豔的機會，還是促成一個人降臨人間的機會。以此文謹表慶賀之意。

107 所做所為都是虛空

●洽談●

因為兒女已經長大不再需要照料，於是看報紙的宣傳單出外工作。但是，那個工作裡有一個觀念老舊又居心不良的人，做了三個月就辭職。由於非常空閒，結果到柏青哥店學會角子老虎。剛開始因賺錢而高興得一再前往柏青哥，但後來一直輸錢，連些微的存款也在轉瞬間化為烏有。待在家裡就想往柏青哥跑，出外打工又會碰到愛欺負人的老太婆。不論看電視或閱讀書報，一點也不覺有趣。如何才能找到生活的意義呢？

（大阪　寂聊的主婦）

診斷

一再做各種嘗試，從中找到令自己沉迷者

打工被欺侮、玩柏青哥浪費金錢。兩者都落空嗎？那麼，只能摸索第三個方向。

任何職場總有一、兩個愛挖苦人的人。如果是身為主管到公司復職，必有人前來拍馬屁或獻殷勤，但是，以一個同事或新進職員就職時，恐怕必須有數次被欺侮的經驗。除非有特殊才能或直覺，否則賭博是最差的興趣。基本上那是讓莊家賺錢的結構，因此，一旦有人嚐到第一次幸運而執迷不悟時，通常爾後會有嚴重的後果。

因此，最好是看電視與讀書，但它既無法變成金錢，也缺乏刺激感吧。也有人天生性格無法因這類輕度刺激而獲得滿足，若是因為柏青哥賭掉存款的類型，若沒有更刺激的「生存意義」恐怕難以引起共鳴吧。那麼，還有什麼呢？

最辛辣的是，男人有所謂的「喝、打、買」，當然指的酒精、賭博、外遇。而柏青哥是屬於「打」，這一項已經玩過。剩餘的不是酒與外遇嗎？妳想變成酒鬼嗎？或者外遇較適合妳發洩呢？

結果，適合妳的宣洩口，乃是由妳自己的心情決定。「生存意義」若不順應個人的需要，無法使人沉迷其中。

問題是妳會對什麼著迷呢？運動、宗教、地區活動、活動中心的各種才藝教室、家庭副業、美食、劇場或觀劇（當然不是電視而是在觀眾席），此外還有妳未曾嘗試的各種人生菜單喔！至於打工的職場，只要多物色幾家，總會找到一處適合自己的地方。

妳的信上寫著：「難道就這樣離開人間嗎？」艱深的說法是，您是對「實存的空虛」的控訴，其實，只要針對心口上那個敞開的空洞，一一地投進各種東西，總有一天可以把它掩埋起來。到處去體驗各種滋味吧！

難道可以「就這樣死去」？

108 人是為什麼而活

●洽談●

三十一歲的單身男性。中學時期染患強迫神經症的不潔恐懼症，藉由服用抗不安藥勉強生活。目前的我，已經找不到生存有任何意義。據說『自殺完全手册』這本書已銷售四十萬本。和我有同樣感覺的人似乎很多。人到底為什麼要活著？（煩惱的男人）

診斷

沒有標準答案

這封洽談信函的原版相當驚人。信上還附帶三種當做樣品的藥方，而這位人士似乎已屯積一百包。換言之，他是玩真的。這彷彿是對一直以來的恐懼症，大聲嘶喊：「畜生！你再這麼糾纏看看！我就死給你看。如此一來，你再也無法折磨我了！」

唉，不必如此慌張，總有一天人還是會死的。至少請你在閱讀我的回答之時還活著。

首先來談「自殺不行嗎？」這是社會大眾暗默的一個法則而已。為何會有這樣的情況，也許是避免給他人帶來痲煩吧。同時，也有一點可惜。世界上有許多想要你健康內臟的醫院，我覺得把它浪費掉也有點可惜。請你趕快向臟器銀行登記吧。

再來談「為什麼必須活著」的問題。不，與其說是「必須活著」毋寧人是因為「想活著」或「不想死」而活著。其中甚至有人是因為「刻意求死給人添痲煩」而活著。「為什麼」乃是由各個人所決定。沒有標準答案。

你說『自殺完全手册』賣了四十萬本？啊，我以往也出了十幾本單行本，全部合算起來也沒有賣得那麼好啊！不如我也東施效顰，來寫個『慢性自殺手册』之類的書吧。

筆者有喝酒、抽煙的習性，這在梅尼賈這位精神分析家的口中，稱為慢性自殺。誠然，這很容易因易染癌症或心臟病而死亡。但似乎較不易染患老人癡呆症。

換言之，我只是參加「癡呆前的尋死運動」。怎麼樣？你要不要參加？和平的慢性自殺遠比聳人聽聞而令人畏懼的急性自殺來得時髦多呢！

代後序

這是從一九九四年到九六年，將連載於產經新聞（大阪本社版）的人生心情洽談專欄「賴藤醫師的家庭診斷」編輯成的精華篇。在此之前所連載的內容，曾經編輯成『家族的問題Q&A』（米尼盧瓦書房）以單行本問世。而這個專欄現在也命名為「賴藤和寬的人生應援團」繼續連載於大阪、東京本社版，預定連載五年以上。

讀者的風評雖然還不錯，但可能有毀譽褒貶參半的傾向。因為，這是基於儘可能避免常識性、安逸性作答的方針下所寫的。我自己也非常明白，針對這類問題在報紙上如何回答，才能與世間通行的標準取得合格點。其中是有秘訣的，只要帶著豐富人情味，擁有健全常識，把理所當然的回答做成文章就行了。如此既不會有人發牢騷，若是保守派的讀者，也能依他們的期待獲得安心。但是，在專欄上做這類模範解答，一點也不有趣。

譬如，在都市裡婆媳不合的情形已漸漸減少，似乎已成過去問題，但在一般市井的生活現場，卻意外地根深蒂固。而這類洽談也經常蜂擁而至。對這樣的情況如果用「彼此體恤對方的心情，充分溝通即能瞭解」這類精神論或用心論來應對，當事者會受不了。總之，這是彼此沒有道理的厭惡感，事實上也是不共戴天的關係。必須有人告訴他們：「不要和那樣的傢伙住在一個屋簷下，只要離家出走就沒事了。」這樣的回答也許無助於秩序維持也不能「用蓋子掩蓋惡臭」，但至少回應了實實在在生活者的心情。

總之，絕不能用正論或理想論壓抑在生活現場搏鬥的當事者的不滿。我覺得只要實行自己想做的事就好了。不過，它必須同時付出犧牲或成本。在現今社會鮮少有為所欲為，事後沒有任何請款單的好事。唯獨能夠覺悟這一點的人，才能實踐自己的意向。

所謂的煩惱，是從九九%的美好期待發端。想辭掉工作卻又想確保生活費，希望老公只要戒掉風流成性的惡習，仍然維持原有性格等等。「這個也要那個也要」根本是無理強求。而正因為無理強求，不知如何做決定而煩惱吧。

針對這類煩惱，我的回答是：「只要依您自己的意思來做就行了。不過，不論做何選擇，必須有相當的覺悟。」如此時光流逝，也經過五年了。

好比付一萬塊錢，只擁有價值一萬元商品的情形一樣，我們是藉由對人生、社會、宇宙支付相當的代價而得到對等的果報。討厭付出或對得不到的事情抱怨，乃偏差的想法。想和婆婆斷絕關係，但希望和丈夫維持比現在更好的關係。針對這類索求無度的「煩惱」，筆者的回答是「趕緊分居吧！但是，請覺悟將被親愛的老公暗地裡埋怨」。

光憑如此簡單的理論竟然持續數年的人生洽談，筆者的厚顏無恥也令人徒嘆莫可奈何，但，不光是如此而已。其中還融和著催眠或認知療法、家族療法、呼吸療法等最近心理治療潮流的創意。雖然文面上略帶幽默感，但請不要認為我是在開玩笑。因為，這是有它的背景。

這十年左右，似乎有一種「真話時代」漸漸逼近的景象。正經八百有如公判見解的理論漸漸不被理睬，反之，內容顯得外行卻直刺刺地坦言現狀的趨勢卻漸漸受到矚目。比特武志版本或小林喜則版本都在這個線上。也許是因為多數人已經厭倦優等生類型的模範解答的非現實性，轉而尋求具有赤裸暴露現實的效果。這並不壞，我們應該把嚴厲的現實認識搬上抬面，針對各種日常課題做出決斷。凡事都恰到好處乃罕見，通常必須付出相當的犧牲，這才是人生上的決斷。本來「決斷」就是這樣的東西。

為了讓讀者做出這樣的決斷，特意準備一些冷不防從站在清水舞台的詢問者背後用力一推之類的回答，而這正是本書所收錄的內容。當然，其中也混雜著向有意站在清水舞台的詢問者，指正出：「你所站之處哪是清水舞台，根本就像是家裡的屋簷！」讓他們察覺到無需刻意往下跳的回答。

最後，在此謹向爲編輯勞神的高橋輝次先生、欣然承諾出版的日本評論社獻上崇高謝意。同時，也承蒙連載當時的負責記者、產經新聞大阪本社石野伸子小姐的各方照顧，並欣然應允轉載權。非常謝謝。

賴藤和寬

一九四七年出生於大阪市。

一九七二年大阪大學醫學部畢業，歷經麻醉科、外科後專攻精神科。

一九七五年服務淺香山醫院精神科。

一九七五年起任職阪大病院精神神經科。

一九八六年起主掌大阪府中央兒童洽談所（現今中央兒童家庭中心）。

醫學博士。大阪大學醫學部、大阪外國語大學兼任講師。

著書：

『掌握性格』『人際關係遊戲』『真心話的育兒論』（以上、創元社）、『平日的不安』『正視排斥上學』（以上、人文書院）、『瞭解不定愁訴』（東山書房）、『家族的問題　Q&A』（米尼盧瓦書房）、『試著活得更自在！』『被育兒書束縛則無法育兒』（以上、PHP研究所）、『總有人幫忙症候群』（日本評論社）、『心理學PLUSEI』（雙葉社）等。

大展出版社有限公司	圖書目錄
地址：台北市北投區11204 致遠一路二段12巷1號 郵撥： 0166955～1	電話：(02) 8236031 8236033 傳眞：(02) 8272069

・法律專欄連載・電腦編號 58

台大法學院 法律學系／策劃
法律服務社／編著

①別讓您的權利睡著了[1]	200元
②別讓您的權利睡著了[2]	200元

・秘傳占卜系列・電腦編號 14

①手相術	淺野八郎著	150元
②人相術	淺野八郎著	150元
③西洋占星術	淺野八郎著	150元
④中國神奇占卜	淺野八郎著	150元
⑤夢判斷	淺野八郎著	150元
⑥前世、來世占卜	淺野八郎著	150元
⑦法國式血型學	淺野八郎著	150元
⑧靈感、符咒學	淺野八郎著	150元
⑨紙牌占卜學	淺野八郎著	150元
⑩ＥＳＰ超能力占卜	淺野八郎著	150元
⑪猶太數的秘術	淺野八郎著	150元
⑫新心理測驗	淺野八郎著	160元
⑬塔羅牌預言秘法	淺野八郎著	200元

・趣味心理講座・電腦編號 15

①性格測驗１	探索男與女	淺野八郎著	140元
②性格測驗２	透視人心奧秘	淺野八郎著	140元
③性格測驗３	發現陌生的自己	淺野八郎著	140元
④性格測驗４	發現你的真面目	淺野八郎著	140元
⑤性格測驗５	讓你們吃驚	淺野八郎著	140元
⑥性格測驗６	洞穿心理盲點	淺野八郎著	140元
⑦性格測驗７	探索對方心理	淺野八郎著	140元
⑧性格測驗８	由吃認識自己	淺野八郎著	140元

㉜培養孩子獨立的藝術	多湖輝著	170元
㉝子宮肌瘤與卵巢囊腫	陳秀琳編著	180元
㉞下半身減肥法	納他夏・史達賓著	180元
㉟女性自然美容法	吳雅菁編著	180元
㊱再也不發胖	池園悅太郎著	170元
㊲生男生女控制術	中垣勝裕著	220元
㊳使妳的肌膚更亮麗	楊　皓編著	170元
㊴臉部輪廓變美	芝崎義夫著	180元
㊵斑點、皺紋自己治療	高須克彌著	180元
㊶面皰自己治療	伊藤雄康著	180元
㊷隨心所欲瘦身冥想法	原久子著	180元
㊸胎兒革命	鈴木丈織著	180元
㊹NS磁氣平衡法塑造窈窕奇蹟	古屋和江著	180元

・青 春 天 地・電腦編號 17

①A血型與星座	柯素娥編譯	160元
②B血型與星座	柯素娥編譯	160元
③O血型與星座	柯素娥編譯	160元
④AB血型與星座	柯素娥編譯	120元
⑤青春期性教室	呂貴嵐編譯	130元
⑥事半功倍讀書法	王毅希編譯	150元
⑦難解數學破題	宋釗宜編譯	130元
⑧速算解題技巧	宋釗宜編譯	130元
⑨小論文寫作秘訣	林顯茂編譯	120元
⑪中學生野外遊戲	熊谷康編著	120元
⑫恐怖極短篇	柯素娥編譯	130元
⑬恐怖夜話	小毛驢編譯	130元
⑭恐怖幽默短篇	小毛驢編譯	120元
⑮黑色幽默短篇	小毛驢編譯	120元
⑯靈異怪談	小毛驢編譯	130元
⑰錯覺遊戲	小毛驢編譯	130元
⑱整人遊戲	小毛驢編著	150元
⑲有趣的超常識	柯素娥編譯	130元
⑳哦！原來如此	林慶旺編譯	130元
㉑趣味競賽100種	劉名揚編譯	120元
㉒數學謎題入門	宋釗宜編譯	150元
㉓數學謎題解析	宋釗宜編譯	150元
㉔透視男女心理	林慶旺編譯	120元
㉕少女情懷的自白	李桂蘭編譯	120元
㉖由兄弟姊妹看命運	李玉瓊編譯	130元

㉗趣味的科學魔術	林慶旺編譯	150元
㉘趣味的心理實驗室	李燕玲編譯	150元
㉙愛與性心理測驗	小毛驢編譯	130元
㉚刑案推理解謎	小毛驢編譯	130元
㉛偵探常識推理	小毛驢編譯	130元
㉜偵探常識解謎	小毛驢編譯	130元
㉝偵探推理遊戲	小毛驢編譯	130元
㉞趣味的超魔術	廖玉山編著	150元
㉟趣味的珍奇發明	柯素娥編著	150元
㊱登山用具與技巧	陳瑞菊編著	150元

•健 康 天 地• 電腦編號 18

①壓力的預防與治療	柯素娥編譯	130元
②超科學氣的魔力	柯素娥編譯	130元
③尿療法治病的神奇	中尾良一著	130元
④鐵證如山的尿療法奇蹟	廖玉山譯	120元
⑤一日斷食健康法	葉慈容編譯	150元
⑥胃部強健法	陳炳崑譯	120元
⑦癌症早期檢查法	廖松濤譯	160元
⑧老人痴呆症防止法	柯素娥編譯	130元
⑨松葉汁健康飲料	陳麗芬編譯	130元
⑩揉肚臍健康法	永井秋夫著	150元
⑪過勞死、猝死的預防	卓秀貞編譯	130元
⑫高血壓治療與飲食	藤山順豐著	150元
⑬老人看護指南	柯素娥編譯	150元
⑭美容外科淺談	楊啟宏著	150元
⑮美容外科新境界	楊啟宏著	150元
⑯鹽是天然的醫生	西英司郎著	140元
⑰年輕十歲不是夢	梁瑞麟譯	200元
⑱茶料理治百病	桑野和民著	180元
⑲綠茶治病寶典	桑野和民著	150元
⑳杜仲茶養顏減肥法	西田博著	150元
㉑蜂膠驚人療效	瀨長良三郎著	180元
㉒蜂膠治百病	瀨長良三郎著	180元
㉓醫藥與生活	鄭炳全著	180元
㉔鈣長生寶典	落合敏著	180元
㉕大蒜長生寶典	木下繁太郎著	160元
㉖居家自我健康檢查	石川恭三著	160元
㉗永恒的健康人生	李秀鈴譯	200元
㉘大豆卵磷脂長生寶典	劉雪卿譯	150元

㉙芳香療法	梁艾琳譯	160元
㉚醋長生寶典	柯素娥譯	180元
㉛從星座透視健康	席拉・吉蒂斯著	180元
㉜愉悅自在保健學	野本二士夫著	160元
㉝裸睡健康法	丸山淳士等著	160元
㉞糖尿病預防與治療	藤田順豐著	180元
㉟維他命長生寶典	菅原明子著	180元
㊱維他命C新效果	鐘文訓編	150元
㊲手、腳病理按摩	堤芳朗著	160元
㊳AIDS瞭解與預防	彼得塔歇爾著	180元
㊴甲殼質殼聚糖健康法	沈永嘉譯	160元
㊵神經痛預防與治療	木下眞男著	160元
㊶室內身體鍛鍊法	陳炳崑編著	160元
㊷吃出健康藥膳	劉大器編著	180元
㊸自我指壓術	蘇燕謀編著	160元
㊹紅蘿蔔汁斷食療法	李玉瓊編著	150元
㊺洗心術健康秘法	竺翠萍編譯	170元
㊻枇杷葉健康療法	柯素娥編譯	180元
㊼抗衰血癒	楊啟宏著	180元
㊽與癌搏鬥記	逸見政孝著	180元
㊾冬蟲夏草長生寶典	高橋義博著	170元
㊿痔瘡・大腸疾病先端療法	宮島伸宜著	180元
51膠布治癒頑固慢性病	加瀨建造著	180元
52芝麻神奇健康法	小林貞作著	170元
53香煙能防止癡呆？	高田明和著	180元
54穀菜食治癌療法	佐藤成志著	180元
55貼藥健康法	松原英多著	180元
56克服癌症調和道呼吸法	帶津良一著	180元
57Ｂ型肝炎預防與治療	野村喜重郎著	180元
58青春永駐養生導引術	早島正雄著	180元
59改變呼吸法創造健康	原久子著	180元
60荷爾蒙平衡養生秘訣	出村博著	180元
61水美肌健康法	井戶勝富著	170元
62認識食物掌握健康	廖梅珠編著	170元
63痛風劇痛消除法	鈴木吉彥著	180元
64酸莖菌驚人療效	上田明彥著	180元
65大豆卵磷脂治現代病	神津健一著	200元
66時辰療法──危險時刻凌晨４時	呂建強等著	180元
67自然治癒力提升法	帶津良一著	180元
68巧妙的氣保健法	藤平墨子著	180元
69治癒Ｃ型肝炎	熊田博光著	180元

⑩肝臟病預防與治療　劉名揚編著　180元
⑪腰痛平衡療法　荒井政信著　180元
⑫根治多汗症、狐臭　稻葉益巳著　220元
⑬40歲以後的骨質疏鬆症　沈永嘉譯　180元
⑭認識中藥　松下一成著　180元
⑮認識氣的科學　佐佐木茂美著　180元
⑯我戰勝了癌症　安田伸著　180元
⑰斑點是身心的危險信號　中野進著　180元
⑱艾波拉病毒大震撼　玉川重德著　180元
⑲重新還我黑髮　桑名隆一郎著　180元
⑳身體節律與健康　林博史著　180元
㉑生薑治萬病　石原結實著　180元

・實用女性學講座・電腦編號 19

①解讀女性內心世界　島田一男著　150元
②塑造成熟的女性　島田一男著　150元
③女性整體裝扮學　黃靜香編著　180元
④女性應對禮儀　黃靜香編著　180元
⑤女性婚前必修　小野十傳著　200元
⑥徹底瞭解女人　田口二州著　180元
⑦拆穿女性謊言88招　島田一男著　200元
⑧解讀女人心　島田一男著　200元

・校園系列・電腦編號 20

①讀書集中術　多湖輝著　150元
②應考的訣竅　多湖輝著　150元
③輕鬆讀書贏得聯考　多湖輝著　150元
④讀書記憶秘訣　多湖輝著　150元
⑤視力恢復！超速讀術　江錦雲譯　180元
⑥讀書36計　黃柏松編著　180元
⑦驚人的速讀術　鐘文訓編著　170元
⑧學生課業輔導良方　多湖輝著　180元
⑨超速讀超記憶法　廖松濤編著　180元
⑩速算解題技巧　宋釗宜編著　200元
⑪看圖學英文　陳炳崑編著　200元

・實用心理學講座・電腦編號 21

①拆穿欺騙伎倆　多湖輝著　140元

②創造好構想	多湖輝著	140元
③面對面心理術	多湖輝著	160元
④偽裝心理術	多湖輝著	140元
⑤透視人性弱點	多湖輝著	140元
⑥自我表現術	多湖輝著	180元
⑦不可思議的人性心理	多湖輝著	150元
⑧催眠術入門	多湖輝著	150元
⑨責罵部屬的藝術	多湖輝著	150元
⑩精神力	多湖輝著	150元
⑪厚黑說服術	多湖輝著	150元
⑫集中力	多湖輝著	150元
⑬構想力	多湖輝著	150元
⑭深層心理術	多湖輝著	160元
⑮深層語言術	多湖輝著	160元
⑯深層說服術	多湖輝著	180元
⑰掌握潛在心理	多湖輝著	160元
⑱洞悉心理陷阱	多湖輝著	180元
⑲解讀金錢心理	多湖輝著	180元
⑳拆穿語言圈套	多湖輝著	180元
㉑語言的內心玄機	多湖輝著	180元

・超現實心理講座・電腦編號 22

①超意識覺醒法	詹蔚芬編譯	130元
②護摩秘法與人生	劉名揚編譯	130元
③秘法！超級仙術入門	陸　明譯	150元
④給地球人的訊息	柯素娥編著	150元
⑤密教的神通力	劉名揚編著	130元
⑥神秘奇妙的世界	平川陽一著	180元
⑦地球文明的超革命	吳秋嬌譯	200元
⑧力量石的秘密	吳秋嬌譯	180元
⑨超能力的靈異世界	馬小莉譯	200元
⑩逃離地球毀滅的命運	吳秋嬌譯	200元
⑪宇宙與地球終結之謎	南山宏著	200元
⑫驚世奇功揭秘	傅起鳳著	200元
⑬啟發身心潛力心象訓練法	栗田昌裕著	180元
⑭仙道術遁甲法	高藤聰一郎著	220元
⑮神通力的秘密	中岡俊哉著	180元
⑯仙人成仙術	高藤聰一郎著	200元
⑰仙道符咒氣功法	高藤聰一郎著	220元
⑱仙道風水術尋龍法	高藤聰一郎著	200元

⑲仙道奇蹟超幻像	高藤聰一郎著	200元
⑳仙道鍊金術房中法	高藤聰一郎著	200元
㉑奇蹟超醫療治癒難病	深野一幸著	220元
㉒揭開月球的神秘力量	超科學研究會	180元
㉓西藏密教奧義	高藤聰一郎著	250元

• 養 生 保 健 • 電腦編號 23

①醫療養生氣功	黃孝寬著	250元
②中國氣功圖譜	余功保著	230元
③少林醫療氣功精粹	井玉蘭著	250元
④龍形實用氣功	吳大才等著	220元
⑤魚戲增視強身氣功	宮 嬰著	220元
⑥嚴新氣功	前新培金著	250元
⑦道家玄牝氣功	張 章著	200元
⑧仙家秘傳袪病功	李遠國著	160元
⑨少林十大健身功	秦慶豐著	180元
⑩中國自控氣功	張明武著	250元
⑪醫療防癌氣功	黃孝寬著	250元
⑫醫療強身氣功	黃孝寬著	250元
⑬醫療點穴氣功	黃孝寬著	250元
⑭中國八卦如意功	趙維漢著	180元
⑮正宗馬禮堂養氣功	馬禮堂著	420元
⑯秘傳道家筋經內丹功	王慶餘著	280元
⑰三元開慧功	辛桂林著	250元
⑱防癌治癌新氣功	郭 林著	180元
⑲禪定與佛家氣功修煉	劉天君著	200元
⑳顛倒之術	梅自強著	360元
㉑簡明氣功辭典	吳家駿編	360元
㉒八卦三合功	張全亮著	230元
㉓朱砂掌健身養生功	楊 永著	250元
㉔抗老功	陳九鶴著	230元

• 社會人智囊 • 電腦編號 24

①糾紛談判術	清水增三著	160元
②創造關鍵術	淺野八郎著	150元
③觀人術	淺野八郎著	180元
④應急詭辯術	廖英迪編著	160元
⑤天才家學習術	木原武一著	160元
⑥猫型狗式鑑人術	淺野八郎著	180元

⑦逆轉運掌握術	淺野八郎著	180元
⑧人際圓融術	澀谷昌三著	160元
⑨解讀人心術	淺野八郎著	180元
⑩與上司水乳交融術	秋元隆司著	180元
⑪男女心態定律	小田晉著	180元
⑫幽默說話術	林振輝編著	200元
⑬人能信賴幾分	淺野八郎著	180元
⑭我一定能成功	李玉瓊譯	180元
⑮獻給青年的嘉言	陳蒼杰譯	180元
⑯知人、知面、知其心	林振輝編著	180元
⑰塑造堅強的個性	坂上肇著	180元
⑱爲自己而活	佐藤綾子著	180元
⑲未來十年與愉快生活有約	船井幸雄著	180元
⑳超級銷售話術	杜秀卿譯	180元
㉑感性培育術	黃靜香編著	180元
㉒公司新鮮人的禮儀規範	蔡媛惠譯	180元
㉓傑出職員鍛鍊術	佐佐木正著	180元
㉔面談獲勝戰略	李芳黛譯	180元
㉕金玉良言撼人心	森純大著	180元
㉖男女幽默趣典	劉華亭編著	180元
㉗機智說話術	劉華亭編著	180元
㉘心理諮商室	柯素娥譯	180元
㉙如何在公司頭角峥嶸	佐佐木正著	180元
㉚機智應對術	李玉瓊編著	200元
㉛克服低潮良方	坂野雄二著	180元
㉜智慧型說話技巧	沈永嘉編著	元
㉝記憶力、集中力增進術	廖松濤編著	180元

・精 選 系 列・電腦編號 25

①毛澤東與鄧小平	渡邊利夫等著	280元
②中國大崩裂	江戶介雄著	180元
③台灣・亞洲奇蹟	上村幸治著	220元
④7-ELEVEN高盈收策略	國友隆一著	180元
⑤台灣獨立	森　詠著	200元
⑥迷失中國的末路	江戶雄介著	220元
⑦2000年5月全世界毀滅	紫藤甲子男著	180元
⑧失去鄧小平的中國	小島朋之著	220元
⑨世界史爭議性異人傳	桐生操著	200元
⑩淨化心靈享人生	松濤弘道著	220元
⑪人生心情診斷	賴藤和寬著	220元

⑫中美大決戰	檜山良昭著	220元

・運 動 遊 戲・電腦編號 26

①雙人運動	李玉瓊譯	160元
②愉快的跳繩運動	廖玉山譯	180元
③運動會項目精選	王佑京譯	150元
④肋木運動	廖玉山譯	150元
⑤測力運動	王佑宗譯	150元

・休 閒 娛 樂・電腦編號 27

①海水魚飼養法	田中智浩著	300元
②金魚飼養法	曾雪玫譯	250元
③熱門海水魚	毛利匡明著	480元
④愛犬的教養與訓練	池田好雄著	250元

・銀髮族智慧學・電腦編號 28

①銀髮六十樂逍遙	多湖輝著	170元
②人生六十反年輕	多湖輝著	170元
③六十歲的決斷	多湖輝著	170元

・飲 食 保 健・電腦編號 29

①自己製作健康茶	大海淳著	220元
②好吃、具藥效茶料理	德永睦子著	220元
③改善慢性病健康藥草茶	吳秋嬌譯	200元
④藥酒與健康果菜汁	成玉編著	250元

・家庭醫學保健・電腦編號 30

①女性醫學大全	雨森良彥著	380元
②初為人父育兒寶典	小瀧周曹著	220元
③性活力強健法	相建華著	220元
④30歲以上的懷孕與生產	李芳黛編著	220元
⑤舒適的女性更年期	野末悅子著	200元
⑥夫妻前戲的技巧	笠井寬司著	200元
⑦病理足穴按摩	金慧明著	220元
⑧爸爸的更年期	河野孝旺著	200元
⑨橡皮帶健康法	山田晶著	200元

國家圖書館出版品預行編目資料

人生心情診斷／賴藤和寬著，李玉瓊譯，
——初版——臺北市，大展，民86
面； 公分——（精選系列：11）
譯自：こまった家族診ます
ISBN 957-557-760-4（平裝）

1.家庭輔導

544.186　　86011041

人生心情診斷

ISBN 957-557-760-4

原著者／賴藤和寬
編譯者／李玉瓊
發行人／蔡森明
出版者／大展出版社有限公司
社　址／台北市北投區（石牌）致遠一路二段12巷1號
電　話／(02) 8236031・8236033
傳　眞／(02) 8272069
郵政劃撥／0166955－1
登記證／局版臺業字第2171號
承印者／國順圖書印刷公司
裝　訂／嶸興裝訂有限公司
排版者／千兵企業有限公司
電　話／(02) 8812643
初版1刷／1997年（民86年）11月

定　價／220元

大展好書　好書大展